2022 年度
中国对外直接投资统计公报

2022 Statistical Bulletin of China's Outward Foreign Direct Investment

中华人民共和国商务部
Ministry of Commerce of the People's Republic of China
国家统计局
National Bureau of Statistics
国家外汇管理局
State Administration of Foreign Exchange

中国商务出版社
·北京·

图书在版编目（CIP）数据

2022年度中国对外直接投资统计公报：汉英对照／中华人民共和国商务部，国家统计局，国家外汇管理局编．—北京：中国商务出版社，2023.9

ISBN 978-7-5103-4823-5

Ⅰ.①2… Ⅱ.①中…②国…③国… Ⅲ.①对外投资—直接投资—公报—中国—2022—汉、英 Ⅳ. F832.6

中国国家版本馆CIP数据核字（2023）第175915号

2022年度中国对外直接投资统计公报

2022 NIANDU ZHONGGUO DUIWAI ZHIJIE TOUZI TONGJI GONGBAO

中华人民共和国商务部　国家统计局　国家外汇管理局　编

出　　版：中国商务出版社
地　　址：北京市东城区安外东后巷28号　**邮　　编**：100710
责任部门：商务事业部（010-64269744　bjys@cctpress.com）
责任编辑：周水琴
直销客服：010-64266119
总 发 行：中国商务出版社发行部（010-64208388　64515150）
网购零售：中国商务出版社淘宝店（010-64286917）
网　　址：http://www.cctpress.com
网　　店：https://shop595663922.taobao.com
排　　版：北京天逸合文化有限公司
印　　刷：廊坊市蓝海德彩印有限公司
开　　本：880毫米×1230毫米　1/16
印　　张：10.25　**字　　数**：229千字
版　　次：2023年9月第1版　**印　　次**：2023年9月第1次印刷
书　　号：ISBN 978-7-5103-4823-5
定　　价：180.00元

目　录

2022 年度中国对外直接投资统计公报

附录　对外直接投资统计制度

CONTENTS

2022 Statistical Bulletin of China's Outward Foreign Direct Investment

2022年度

中国对外直接投资统计公报

中华人民共和国商务部
国　家　统　计　局
国家外汇管理局

英文翻译：
南开大学　葛顺奇　赵灏鑫

2022 年度
中国对外直接投资统计公报

中华人民共和国商务部
国家统计局
国家外汇管理局

2022 年，有关地区部门坚持以习近平新时代中国特色社会主义思想为指导，按照党中央、国务院决策部署，统筹国内国际两个大局，统筹疫情防控和经济社会发展，统筹发展和安全，坚持稳中求进工作总基调，完整、准确、全面贯彻新发展理念，加快构建新发展格局，推动共建“一带一路”高质量发展。受地缘政治紧张、通货膨胀、金融不稳定因素增加等下行风险影响，世界经济呈现复苏显著放缓态势，2022 年全球外国直接投资流出流量下降 14%，跨境并购规模大幅下降。中国对外直接投资 1631.2 亿美元，蝉联世界第二位。

一、中国对外直接投资综述

2022 年，中国对外直接投资净额（以下简称流量）为 1631.2 亿美元，比上年下降 8.8%。其中：新增股权投资 611.3 亿美元，占 37.5%；当期收益再投资 803.8 亿美元，占 49.3%；新增债务工具投资 216.1 亿美元，占 13.2%。

截至2022年底，中国2.9万家境内投资者在国（境）外共设立对外直接投资企业①（以下简称境外企业）4.66万家，分布在全球190个国家（地区）②，年末境外企业资产总额8.4万亿美元。对外直接投资累计净额（以下简称存量）27548.1亿美元，其中：股权投资14845.6亿美元，占53.9%；收益再投资9626.4亿美元，占34.9%；债务工具投资3076.1亿美元，占11.2%。

表1　2022年中国对外直接投资流量、存量分类构成情况

分类	流量		存量	
	金额/亿美元	比重/%	金额/亿美元	比重/%
合　计	**1 631.2**	**100.0**	**27 548.1**	**100.0**
金融类	221.2	13.6	3 039.0	11.0
非金融类	1 410.0	86.4	24 509.1	89.0

注：1. 金融类指境内投资者直接投向境外金融企业的投资；非金融类指境内投资者直接投向境外非金融企业的投资。

2. 2022年非金融流量数据与商务部2022年快报数据（1168.5亿美元）差异主要为收益再投资部分。

联合国贸发会议（UNCTAD）《2023世界投资报告》显示，2022年全球对外直接投资流量1.5万亿美元，年末存量39.9万亿美元。以此为基数计算，2022年中国对外直接投资分别占全球当年流量、存量的10.9%和6.9%，流量列全球国家（地区）排名的第二位，存量列第三位。

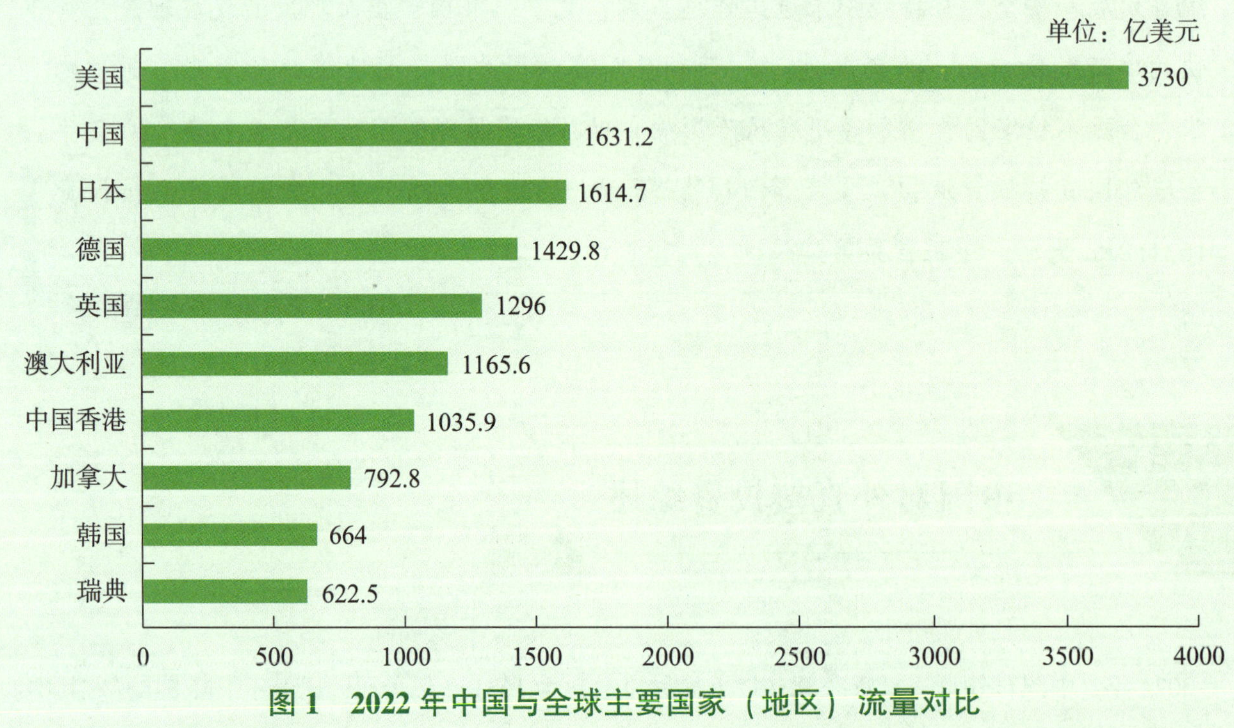

图1　2022年中国与全球主要国家（地区）流量对比

① 对外直接投资企业：指境内投资者直接拥有或控制10%或以上股权、投票权或其他等价利益的境外企业。

② 对外直接投资的国家（地区）按境内投资者投资的首个目的地国家（地区）进行统计。

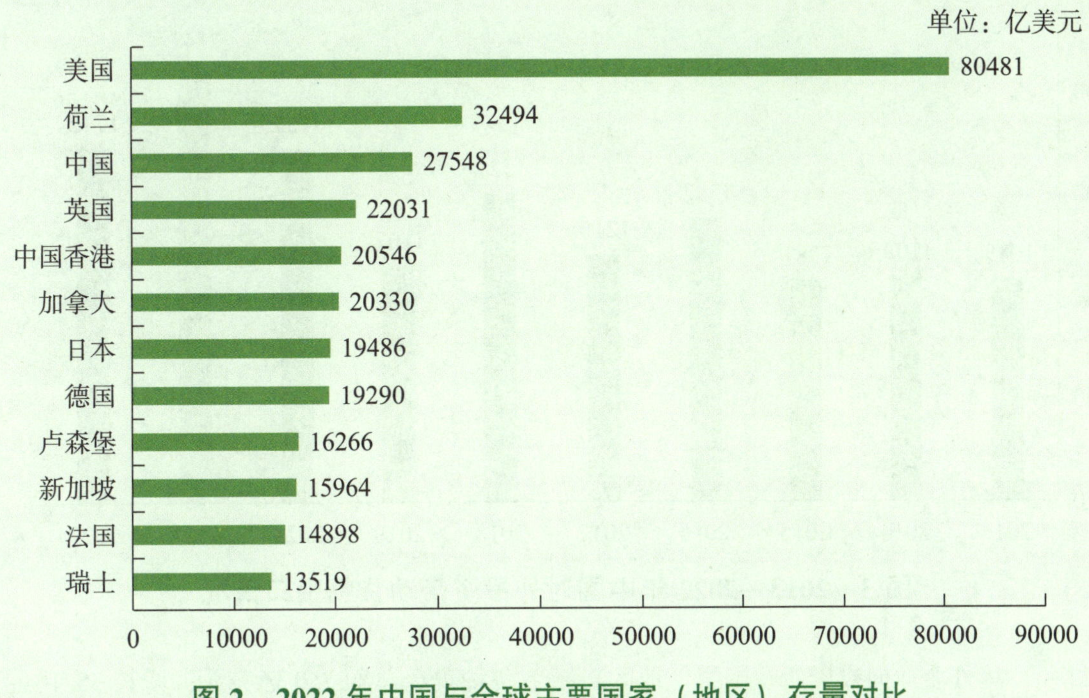

图 2　2022 年中国与全球主要国家（地区）存量对比

注：2022 年中国对外直接投资数据来源于《中国对外直接投资统计公报》，其他国家（地区）数据来源于联合国贸发会议《2023 世界投资报告》。

2022 年，中国对外金融类直接投资流量 221.2 亿美元，比上年下降 17.5%，其中对外货币金融服务类（原银行业）直接投资 91 亿美元，占 41.1%。

2022 年末，中国对外金融类直接投资存量 3039 亿美元，其中对外货币金融服务类直接投资 1451 亿美元，占 47.7%；保险业 75 亿美元，占 2.5%；资本市场服务（原证券业）206 亿美元，占 6.8%；其他金融业 1307 亿美元，占 43%。

2022 年末，中国国有商业银行③共在美国、日本、英国等 51 个国家（地区）开设 101 家分行、69 家附属机构，员工总数达 5.3 万人，其中雇佣外方员工 4.9 万人，占 92.5%。2022 年末，中国共在境外设立保险机构 22 家。

2022 年，中国对外非金融类直接投资流量 1410 亿美元，比上年下降 7.3%；对外投资带动货物出口 1742 亿美元，占中国货物出口总值的 4.8%；对外投资带动货物进口 824 亿美元，占中国货物进口总值的 3%；境外企业实现销售收入 34740 亿美元，比上年增长 14.4%。2022 年末，中国对外非金融类直接投资存量 24509.1 亿美元，境外企业资产总额 5.3 万亿美元。

③ 中国国有商业银行包括中国银行、中国农业银行、中国工商银行、中国建设银行、交通银行和中国邮政储蓄银行。

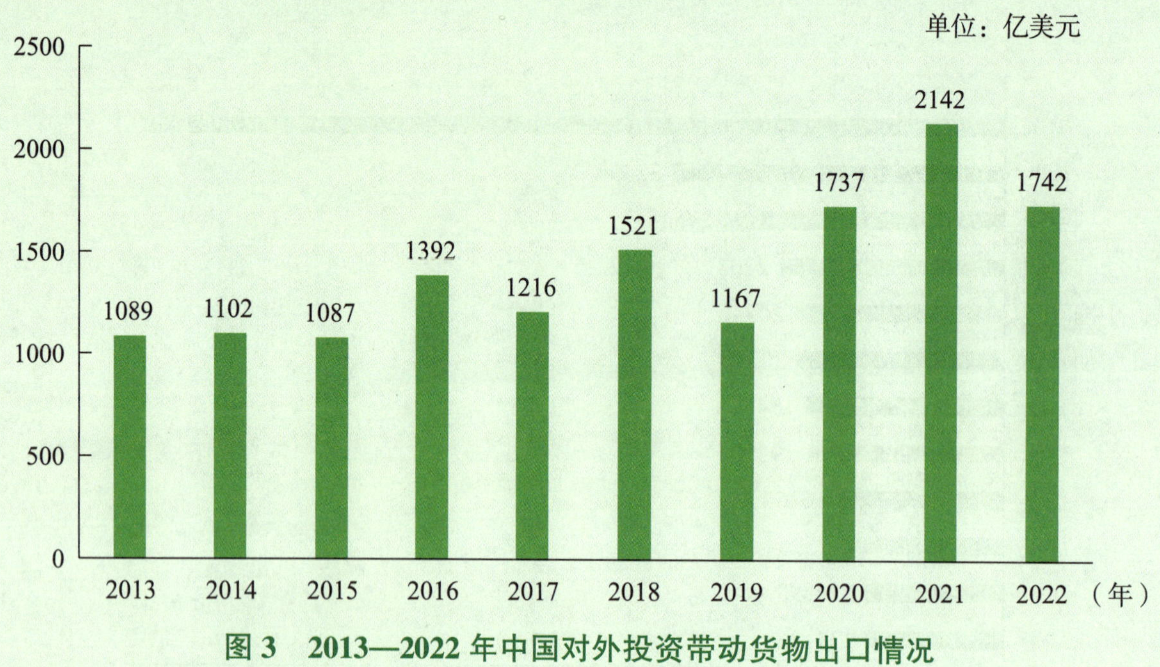

图3 2013—2022年中国对外投资带动货物出口情况

2022年，境外企业向投资所在国家（地区）缴纳各种税金总额750亿美元，增长35.1%；年末境外企业从业员工总数410.8万人，其中雇佣外方员工249.3万人，增加9.9万人，占60.7%。

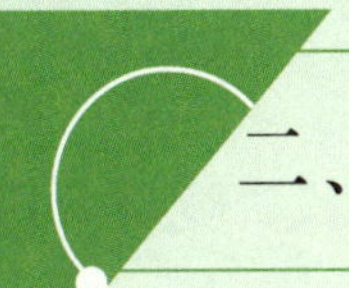

二、中国对外直接投资流量、存量

表 2　中国建立《对外直接投资统计制度》以来历年统计结果

年份	流量			存量	
	金额/亿美元	全球位次	比上年增长/%	金额/亿美元	全球位次
2002	27.0	26		299.0	25
2003	28.5	21	5.6	332.0	25
2004	55.0	20	93.0	448.0	27
2005	122.6	17	122.9	572.0	24
2006	211.6	13	43.8	906.3	23
2007	265.1	17	25.3	1 179.1	22
2008	559.1	12	110.9	1 839.7	18
2009	565.3	5	1.1	2 457.5	16
2010	688.1	5	21.7	3 172.1	17
2011	746.5	6	8.5	4 247.8	13
2012	878.0	3	17.6	5 319.4	13
2013	1 078.4	3	22.8	6 604.8	11
2014	1 231.2	3	14.2	8 826.4	8
2015	1 456.7	2	18.3	10 978.6	8
2016	1 961.5	2	34.7	13 573.9	6
2017	1 582.9	3	-19.3	18 090.4	2
2018	1 430.4	2	-9.6	19 822.7	3
2019	1 369.1	2	-4.3	21 988.8	3
2020	1 537.1	1	12.3	25 806.6	3
2021	1 788.2	2	16.3	27 851.5	3
2022	1 631.2	2	-8.8	27 548.1	3

注：1. 2002—2005 年数据为中国对外非金融类直接投资数据，2006—2022 年为全行业对外直接投资数据。
2. 2006 年同比为对外非金融类直接投资比值。

（一）2022年中国对外直接投资流量

1. 流量蝉联全球第二，占全球比重提升0.4个百分点。

联合国贸发会议（UNCTAD）《2023世界投资报告》显示，2022年全球对外直接投资流量1.5万亿美元，比上年下降14%，其中发达经济体④对外直接投资1.03万亿美元，比上年下降17.2%，占全球流量的69.1%；发展中经济体对外投资4589亿美元，比上年下降5.4%，占30.9%。

2022年，中国对外直接投资流量1631.2亿美元，与上年历史次高值相比，下降8.8%，占全球份额的10.9%，较上年提升0.4个百分点。

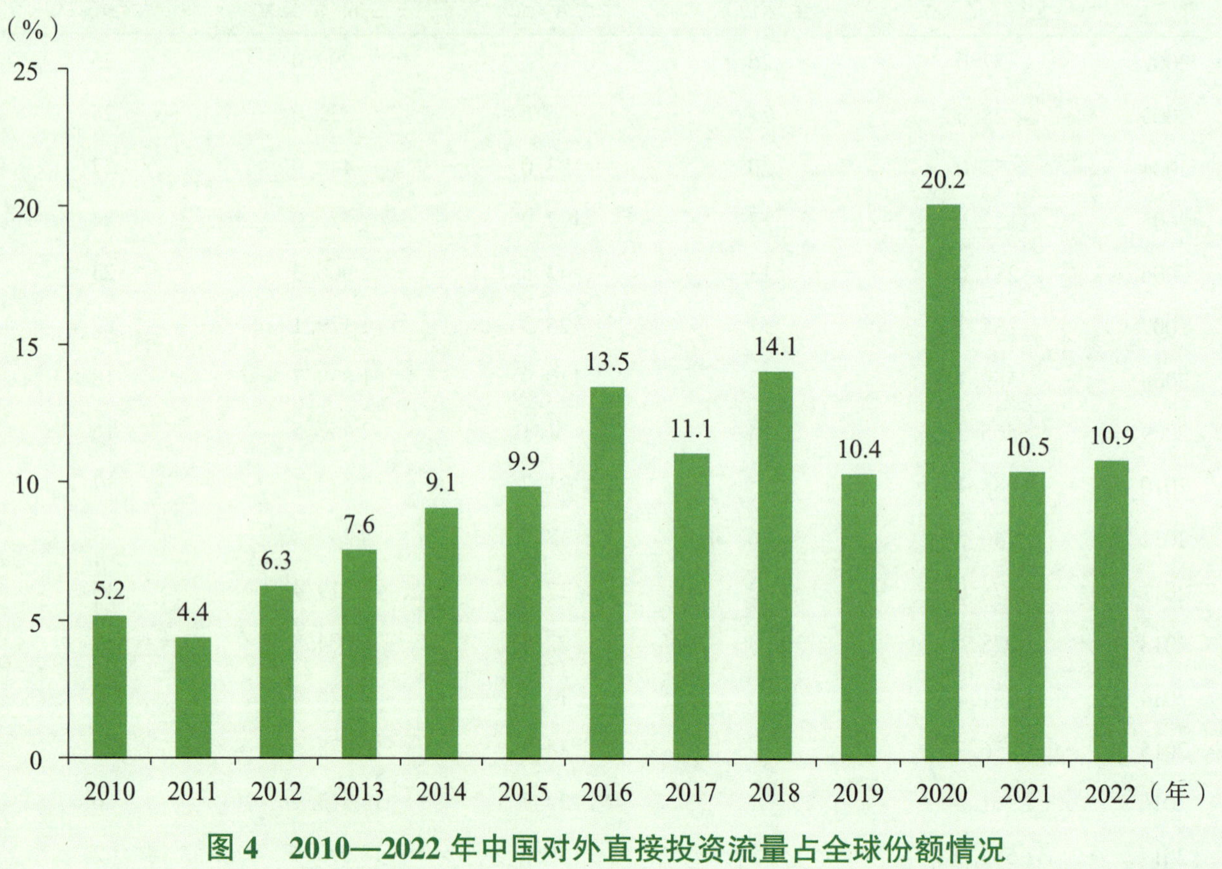

图4 2010—2022年中国对外直接投资流量占全球份额情况

自2003年发布年度对外直接投资统计数据以来，中国已连续11年位列全球对外直接投资流量前三，对世界经济的贡献日益凸显。2022年流量是2002年的60倍，年均增长速度高达22.8%。党的十八大以来，中国累计对外直接投资达1.51万亿美元，相当于存量规模的54.9%，连续七年占全球份额超过一成，在投资所在国家（地区）累计缴纳各种税金4432亿美元，年均解决超过200万个就业岗位，中国对外投资在全球外国直接投资中的影响力不断扩大。

④ 包括欧盟、欧洲其他国家、加拿大、美国、澳大利亚、百慕大群岛、以色列、日本、韩国、新西兰。

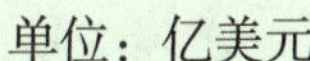

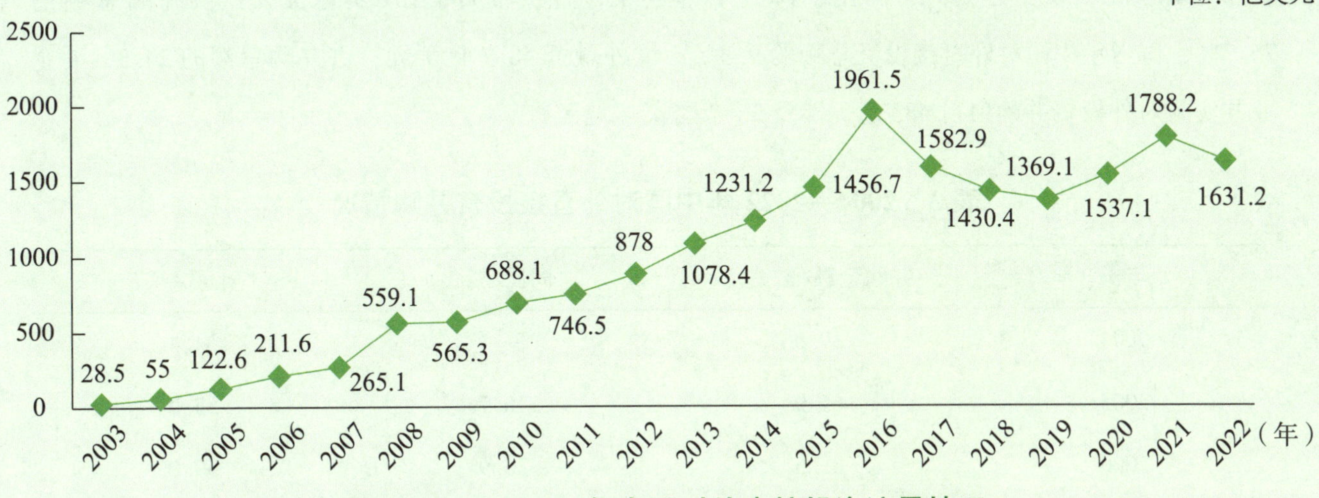

图 5　2003—2022 年中国对外直接投资流量情况

注：数据来源于历年《中国对外直接投资统计公报》。

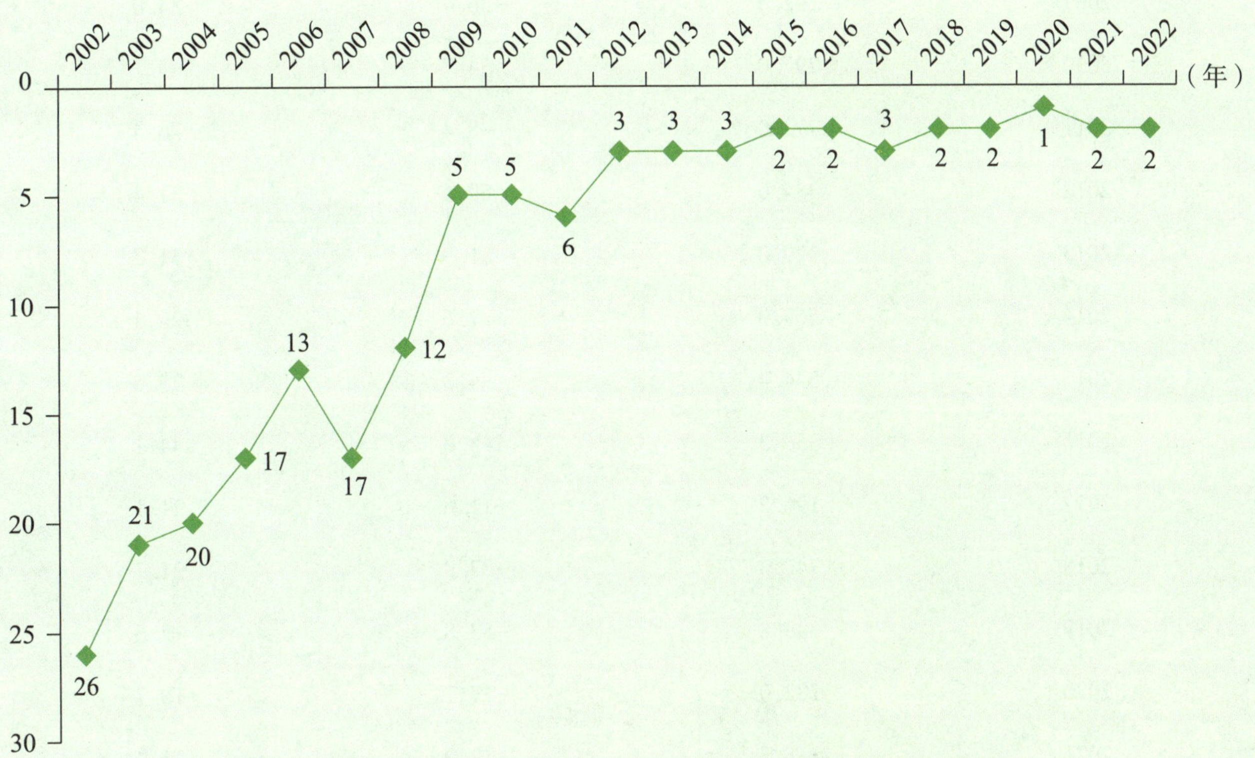

图 6　2002—2022 年中国对外直接投资流量在全球的位次

注：数据来源于历年《中国对外直接投资统计公报》。

2. 受多重因素影响，对外投资并购数量和规模有所下降。

2022 年，全球经济复杂多变，外部环境不稳定、不确定、难预料因素增多。中国对外投资并购实际交易总额200.6亿美元，同比下降37%。其中，直接投资[⑤] 151.9亿美元，占并购总额的75.7%，占当年中国对外直接投资总额的9.3%；境外融资48.7亿美元，占并购总额的24.3%。企业共实施对外投资并购项目483起，涉及56个国家（地区）。

表3　2004—2022年中国对外直接投资并购情况

年份	并购金额/亿美元	同比/%	比重/%
2004	30.0	—	54.4
2005	65.0	116.7	53.0
2006	82.5	26.9	39.0
2007	63.0	-23.6	23.8
2008	302.0	379.4	54.0
2009	192.0	-36.4	34.0
2010	297.0	54.7	43.2
2011	272.0	-8.4	36.4
2012	434.0	59.6	31.4
2013	529.0	21.9	31.3
2014	569.0	7.6	26.4
2015	544.4	-4.3	25.6
2016	1 353.3	148.6	44.1
2017	1 196.2	-11.6	21.1
2018	742.3	-37.9	21.7
2019	342.8	-53.8	12.6
2020	282.0	-17.7	10.7
2021	318.3	12.9	11.4
2022	200.6	-37.0	9.3

注：2012—2022年并购金额包括境外融资部分，比重为并购金额中直接投资占当年流量的比重。

⑤ 指境内投资者或其境外企业收购项目的款项来源于境内投资者的自有资金、境内银行贷款（不包括境内投资者担保的境外贷款）。

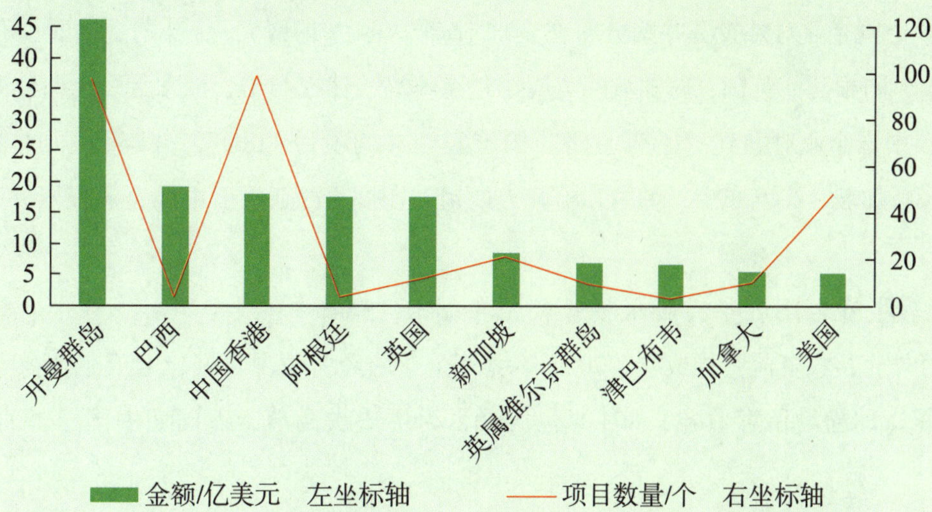

图 7 2022 年中国企业对外投资并购十大目的地（按并购金额）

表 4 2022 年中国对外投资并购行业构成

行业类别	数量/起	金额/亿美元	金额占比/%
采矿业	20	54.3	27.1
制造业	119	42.1	21.0
科学研究和技术服务业	104	25.7	12.8
信息传输/软件和信息技术服务业	61	19.4	9.7
电力/热力/燃气及水的生产和供应业	33	15.8	7.9
农/林/牧/渔业	9	15.1	7.5
交通运输/仓储和邮政业	18	6.7	3.3
金融业	4	5.7	2.8
批发和零售业	72	5.7	2.8
租赁和商务服务业	26	3.7	1.8
水利/环境和公共设施管理业	1	3.0	1.5
卫生和社会工作	6	1.3	0.7
住宿和餐饮业	1	1.0	0.5
教育	2	0.6	0.3
其他	7	0.5	0.3
总计	**483**	**200.6**	**100.0**

2022 年，中国企业对外投资并购涉及采矿业、制造业、科学研究和技术服务业等 17 个行业大类。从并购金额上看，采矿业 54.3 亿美元，居首位，涉及 20 个项目。制造业 42.1 亿美元，居次席，涉及 119 个项目。科学研究和技术服务业 25.7 亿美元，居第三位，涉及 104 个项目。

2022年，中国企业对外投资并购分布在全球56个国家（地区），从并购金额看，开曼群岛、巴西、中国香港、阿根廷、英国、新加坡、英属维尔京群岛、津巴布韦、加拿大、美国位列前十。

2022年，中国企业对共建“一带一路”国家实施并购项目118起，并购金额55.2亿美元。其中，阿根廷、新加坡、津巴布韦、韩国、哈萨克斯坦和印度尼西亚吸引中国企业投资并购规模均超3亿美元。

3. 收益再投资占比近半，股权投资较上年增长15%。

从中国对外直接投资流量构成看，2022年境外企业的经营情况良好，七成企业盈利或持平，当年收益再投资（即新增留存收益）803.8亿美元，为历史次高值，占同期中国对外直接投资流量的49.3%。

2022年，股权投资较上年活跃，当年新增股权611.3亿美元，增长15%，占流量总额的37.5%，较上年上升7.8个百分点；债务工具投资（仅涉及对外非金融类企业）为216.1亿美元，比上年下降18.1%，占流量总额的13.2%。

表5　2006—2022年中国对外直接投资流量构成

年份	流量/亿美元	新增股权		当期收益再投资		债务工具投资	
		金额/亿美元	比重/%	金额/亿美元	比重/%	金额/亿美元	比重/%
2006	211.6	51.7	24.4	66.5	31.4	93.4	44.2
2007	265.1	86.9	32.8	97.9	36.9	80.3	30.3
2008	559.1	283.6	50.7	98.9	17.7	176.6	31.6
2009	565.3	172.5	30.5	161.3	28.5	231.5	41.0
2010	688.1	206.4	30.0	240.1	34.9	241.6	35.1
2011	746.5	313.8	42.0	244.6	32.8	188.1	25.2
2012	878.0	311.4	35.5	224.7	25.6	341.9	38.9
2013	1 078.4	307.3	28.5	383.2	35.5	387.9	36.0
2014	1 231.2	557.3	45.3	444.0	36.1	229.9	18.6
2015	1 456.7	967.1	66.4	379.1	26.0	110.5	7.6
2016	1 961.5	1 141.3	58.2	306.6	15.6	513.6	26.2
2017	1 582.9	679.9	42.9	696.4	44.0	206.6	13.1
2018	1 430.4	704.0	49.2	425.3	29.7	301.1	21.1
2019	1 369.2	483.5	35.3	606.3	44.3	279.4	20.4
2020	1 537.1	630.3	41.0	716.4	46.6	190.4	12.4
2021	1 788.2	531.5	29.7	993.0	55.5	263.7	14.8
2022	1 631.2	611.3	37.5	803.8	49.3	216.1	13.2

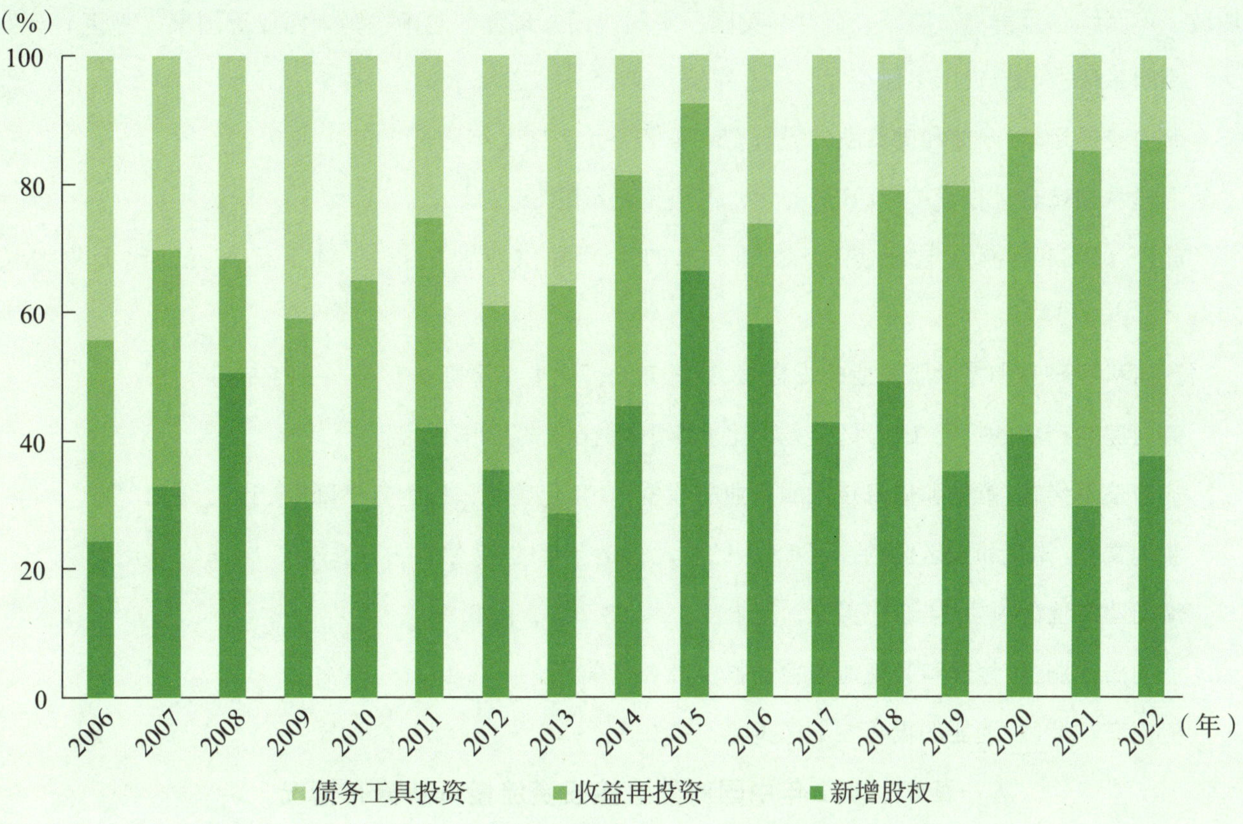

图 8　2006—2022 年中国对外直接投资构成情况

4. 投资领域广泛，六大领域投资占近九成。

2022 年，中国对外直接投资涵盖了国民经济的 18 个行业大类，其中流向租赁和商务服务、制造、金融、批发和零售、采矿、交通运输/仓储和邮政业的投资均超过百亿美元。租赁和商务服务业保持首位，制造业由上年第三位上升至第二位。

流向**租赁和商务服务业**的投资 434.8 亿美元，比上年下降 11.9%，占当年流量总额的 26.7%。投资主要分布在中国香港、英属维尔京群岛、澳大利亚、开曼群岛等国家（地区）。

流向**制造业**的投资 271.5 亿美元，比上年增长 1%，占 16.6%。投资主要流向专用设备制造、汽车制造、其他制造、计算机/通信和其他电子设备制造、金属制品、医药制造、非金属矿物制品、橡胶和塑料制品、黑色金属冶炼和压延加工、通用设备制造、电气机械和器材制造、有色金属冶炼和压延加工、纺织业、化学原料和化学制品、石油/煤炭及其他燃料加工业等。其中流向装备制造业的投资 146.1 亿美元，增长 3.5%，占制造业投资的 53.8%。

流向**金融业**的投资 221.2 亿美元，比上年下降 17.5%，占 13.6%。2022 年，中国金融业境内投资者对境外金融类企业的直接投资 222.7 亿美元，中国非金融业境内投资者投向境外金融企业的投资 -1.5 亿美元。

流向**批发和零售业**的投资 211.7 亿美元，比上年下降 24.8%，占 13%。主要流向中国香港、新加坡、英属维尔京群岛、美国、荷兰、英国、中国澳门、瑞典、越南、马来西亚等国家（地区）。

流向**采矿业**的投资151亿美元，比上年增长79.5%，占9.3%。

流向**交通运输/仓储和邮政业**的投资150.4亿美元，比上年增长23%，占9.2%。

上述六领域合计投资1440.6亿美元，占当年流量的88.3%。

此外，2022年流向电力/热力/燃气及水的生产和供应业的投资54.5亿美元，比上年增长24.1%，占3.3%。

流向**科学研究和技术服务业**的投资48.2亿美元，比上年下降4.9%，占3%。

流向**房地产业**的投资22.1亿美元，比上年下降46.1%，占1.4%。

流向**信息传输/软件和信息技术服务业**的投资16.9亿美元，比上年下降67.1%，占1%。

流向**文化/体育和娱乐业**的投资15.3亿美元，是上年的17倍，占0.9%。

流向**建筑业**的投资14.5亿美元，比上年下降68.6%，占0.9%。

流向**居民服务/修理和其他服务业**的投资6.8亿美元，占0.4%。

流向**农/林/牧/渔业**的投资5.1亿美元，占0.3%。

表6　2022年中国对外直接投资流量行业分布情况

行业	流量/亿美元	比上年增长/%	比重/%
合计	**1 631.2**	**-8.8**	**100.0**
租赁和商务服务业	434.8	-11.9	26.7
制造业	271.5	1.0	16.6
金融业	221.2	-17.5	13.6
批发和零售业	211.7	-24.8	13.0
采矿业	151.0	79.5	9.3
交通运输、仓储和邮政业	150.4	23.0	9.2
电力/热力/燃气及水的生产和供应业	54.5	24.1	3.3
科学研究和技术服务业	48.2	-4.9	3.0
房地产业	22.1	-46.1	1.4
信息传输/软件和信息技术服务业	16.9	-67.1	1.0
文化/体育和娱乐业	15.3	1 600.0	0.9
建筑业	14.5	-68.6	0.9
居民服务/修理和其他服务业	6.8	-62.4	0.4
农/林/牧/渔业	5.1	-45.2	0.3
卫生和社会工作	2.9	-14.7	0.2
教育	2.4	700.0	0.1
水利/环境和公共设施管理业	1.8	-18.2	0.1
住宿和餐饮业	0.1	-96.3	—

5. 超七成投资流向亚洲地区，对北美洲、大洋洲投资快速增长。

2022 年，流向**亚洲**的投资 1242.8 亿美元，比上年下降 3%，占当年对外直接投资流量的 76.2%，较上年提升 4.6 个百分点。其中对中国香港的投资 975.3 亿美元，下降 3.6%，占对亚洲投资的 78.5%；对东盟 10 国的投资 186.5 亿美元，下降 5.5%，占对亚洲投资的 15%。

流向**北美洲**的投资 72.7 亿美元，比上年增长 10.5%，占当年对外直接投资流量的 4.5%。其中对美国投资 72.9 亿美元，比上年增长 30.6%；加拿大 1.5 亿美元，增长 83.9%；百慕大群岛-1.7 亿美元。

流向**大洋洲**的投资 30.7 亿美元，比上年增长 44.8%，占当年对外直接投资流量的 1.9%。投资主要流向澳大利亚、巴布亚新几内亚、新西兰等国。

流向**拉丁美洲**的投资 163.5 亿美元，比上年下降 37.5%，占当年对外直接投资流量的 10%。投资主要流向英属维尔京群岛、开曼群岛、墨西哥、秘鲁、巴西、智利、巴拿马等国家（地区）。

流向**欧洲**的投资 103.4 亿美元，比上年下降 4.9%，占当年对外直接投资流量的 6.3%。投资主要流向卢森堡、英国、德国、瑞典、意大利、匈牙利、俄罗斯联邦、塞尔维亚、瑞士、波兰、格鲁吉亚等国。

流向**非洲**的投资 18.1 亿美元，比上年下降 63.7%，占当年对外直接投资流量的 1.1%。投资主要流向南非、尼日尔、刚果（金）、埃及、科特迪瓦、赞比亚、厄立特里亚、尼日利亚、乌干达、毛里求斯、加纳、津巴布韦等国。

表 7　2022 年中国对外直接投资流量地区构成情况

洲别	金额/亿美元	比上年增长/%	比重/%
亚　洲	1 242.8	-3.0	76.2
欧　洲	103.4	-4.9	6.3
非　洲	18.1	-63.7	1.1
北 美 洲	72.7	10.5	4.5
拉丁美洲	163.5	-37.5	10.0
大 洋 洲	30.7	44.8	1.9
合　计	**1 631.2**	**-8.8**	**100.0**

表8　2022年中国对外直接投资流量前二十位的国家（地区）

序号	国家（地区）	流量/亿美元	占总额比重/%
1	中国香港	975.3	59.8
2	英属维尔京群岛	91.2	5.6
3	新加坡	83.0	5.1
4	美国	72.9	4.5
5	开曼群岛	57.6	3.5
6	印度尼西亚	45.5	2.8
7	卢森堡	32.5	2.0
8	英国	28.2	1.7
9	澳大利亚	27.9	1.7
10	中国澳门	21.3	1.3
11	德国	19.8	1.2
12	瑞典	18.5	1.1
13	越南	17.0	1.0
14	阿拉伯联合酋长国	16.1	1.0
15	马来西亚	16.1	1.0
16	泰国	12.7	0.8
17	土耳其	7.5	0.5
18	南非	6.8	0.4
19	柬埔寨	6.3	0.4
20	尼日尔	5.7	0.3
	合计	**1 561.9**	**95.7**

6. 中央企业和单位投资降幅较大，地方企业占比提升3.3个百分点。

2022年，中央企业和单位对外非金融类直接投资流量549.5亿美元，占非金融类流量的39%，比上年下降14.5%。地方企业860.5亿美元，下降1.9%，占61%，较上年提升3.3个百分点。其中，东部地区665.5亿美元，占地方投资流量的77.3%，下降7.3%；中部地区93.8亿美元，占10.9%，下降6.5%；西部地区93.5亿美元，占10.9%，增长107.3%；东北三省7.7亿美元，占0.9%，下降44.1%。浙江、广东、上海、山东、北京、江苏、天津、四川、江西、河北列地方对外直接投资流量前十位，合计678.6亿美元，占地方对外直接投资流量的78.8%。深圳市对外直接投资流量58.4亿美元，列计划单列市之首，占广东省的50%。

表 9　2022 年地方对外直接投资流量按区域分布情况

地区	流量/亿美元	比重/%	比上年增长/%
东部地区	665.5	77.3	-7.3
中部地区	93.8	10.9	-6.5
西部地区	93.5	10.9	107.3
东北三省	7.7	0.9	-44.1
合　计	**860.5**	**100.0**	**-1.9**

注：1. 东部地区包括：北京、天津、河北、上海、江苏、浙江、福建、山东、广东和海南。
2. 中部地区包括山西、安徽、江西、河南、湖北、湖南。
3. 西部地区包括内蒙古自治区、广西壮族自治区、四川、重庆、贵州、云南、陕西、甘肃、青海、宁夏回族自治区、新疆维吾尔族自治区、西藏自治区。
4. 东北三省包括黑龙江、吉林、辽宁。

表 10　2022 年地方对外直接投资流量前十位的省市

序号	省市名称	流量/亿美元	占地方比重/%
1	浙江省	152.8	17.7
2	广东省	116.7	13.6
3	上海市	106.6	12.4
4	山东省	64.6	7.5
5	北京市	60.0	7.0
6	江苏省	57.6	6.7
7	天津市	33.1	3.8
8	四川省	31.6	3.7
9	江西省	28.0	3.2
10	河北省	27.6	3.2
	合　计	**678.6**	**78.8**

7. 非公有经济控股主体对外投资增长 1.5%，占非金融类流量过半。

2022 年，在中国对外非金融类投资流量中，非公有经济控股的境内投资者对外投资 709.4 亿美元，增长 1.5%，占 50.3%，较上年提升 4.3 个百分点；公有经济控股对外投资 700.6 亿美元，占 49.7%，下降 14.7%。

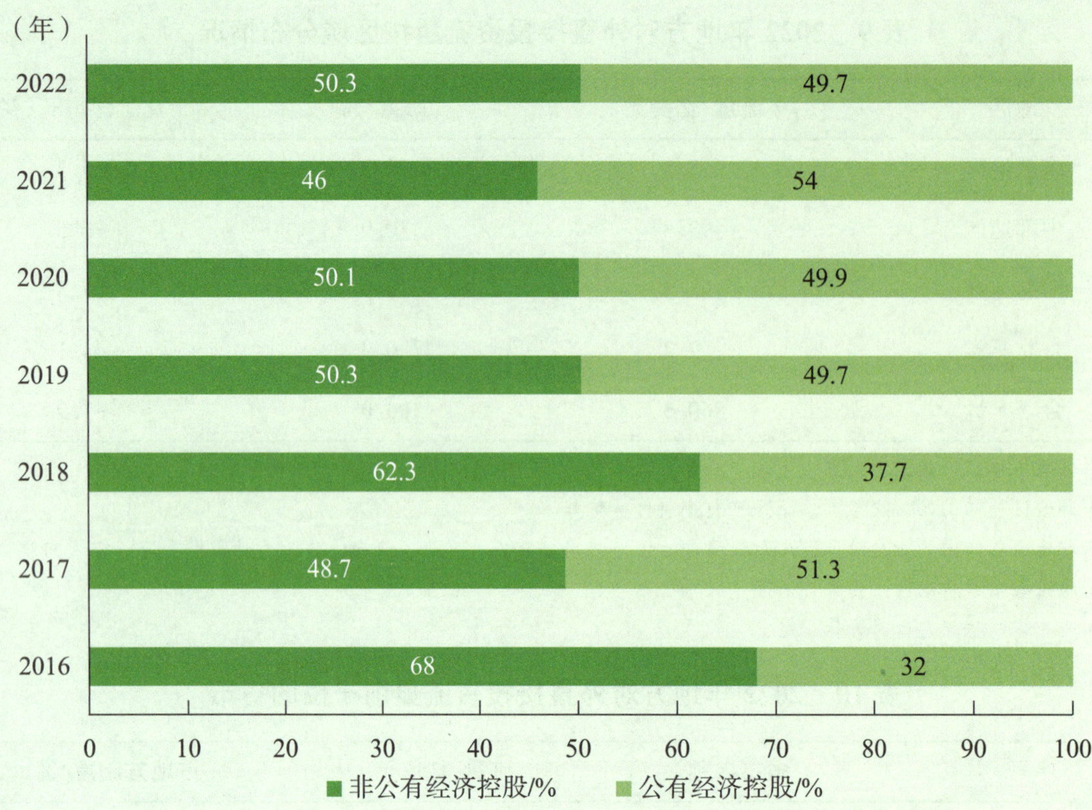

图 9　2016—2022 年对外非金融类直接投资流量所有制构成占比

（二）2022 年末中国对外直接投资存量

1. 在全球的位置和比重。

2022 年末，中国对外直接投资存量 27548. 1 亿美元，较上年末减少 303. 4 亿美元⑥，是 2002 年末存量的 92. 1 倍，占全球外国直接投资流出存量的份额由 2002 年的 0. 4%提升至 2022 年的 6. 9%，排名由第 25 位攀升至第 3 位，仅次于美国（8 万亿美元）、荷兰（3. 2 万亿美元）。从存量规模上看，中国与美国差距仍然较大，仅相当于美国的 34. 2%。

⑥ 联合国贸发会议《2023 世界投资报告》显示，2022 年全球对外直接投资存量较上年末减少 2. 8 万亿美元，缩减 6. 6%。

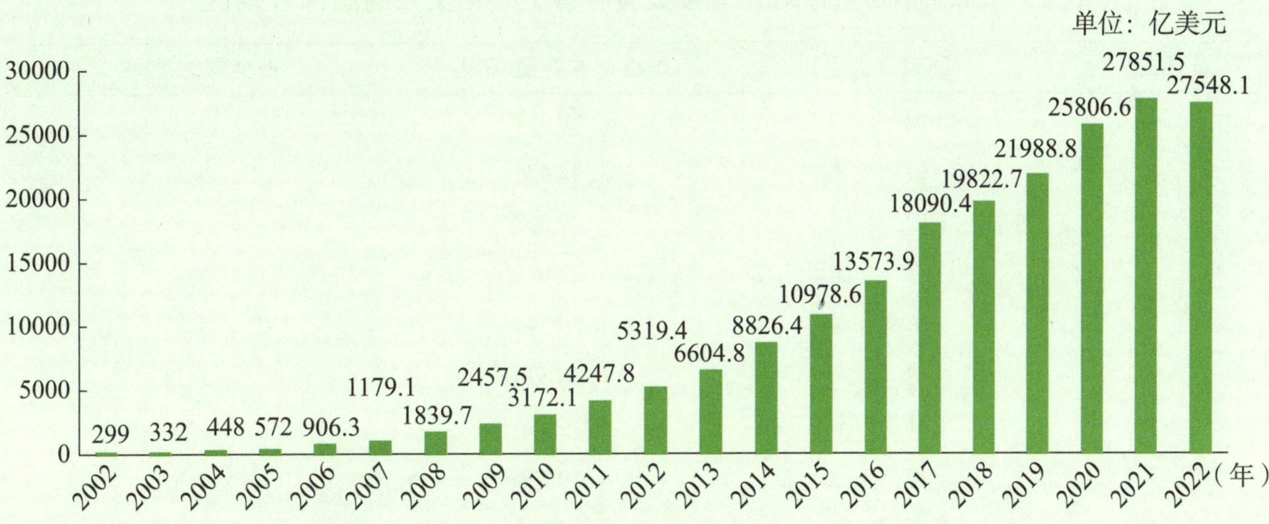

图 10　2002—2022 年中国对外直接投资存量情况

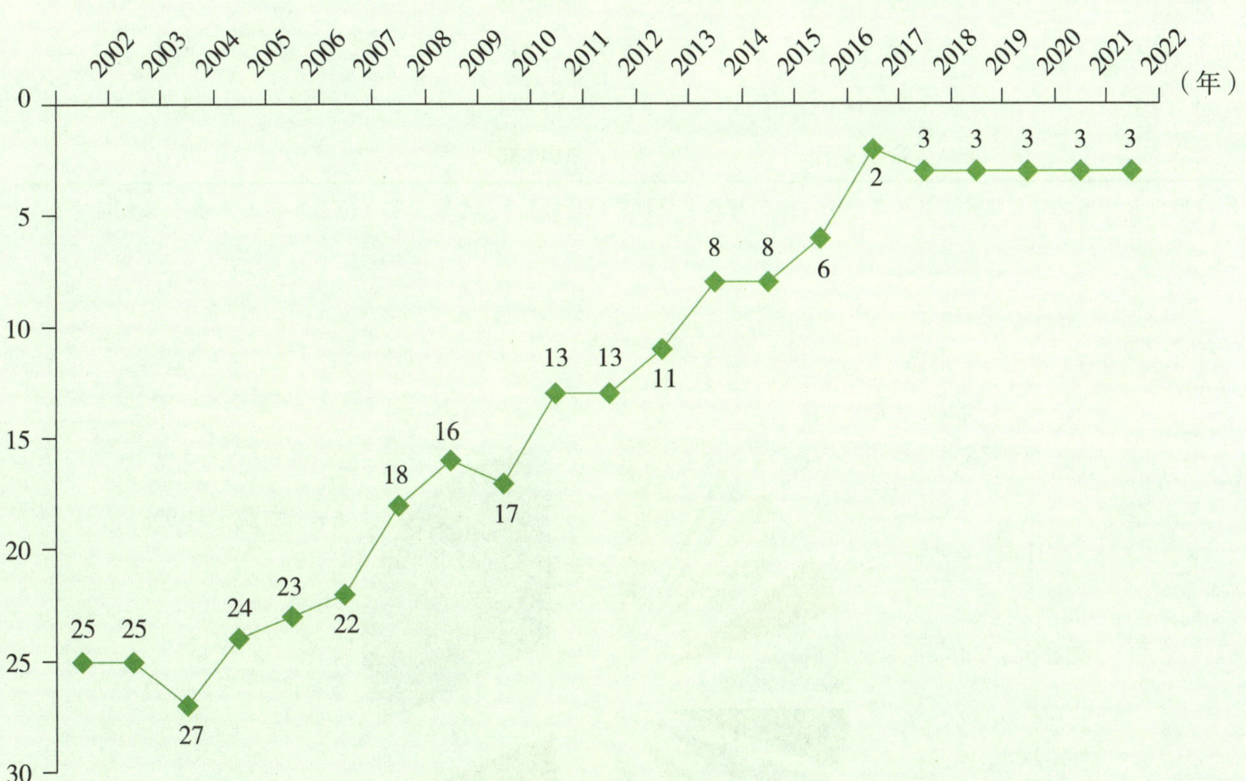

图 11　2002—2022 年中国对外直接投资存量在全球的位次

表 11　2022 年末全球对外直接投资存量上万亿美元的国家（地区）

位次	国家（地区）	2022 年末存量/亿美元	占全球比重/%
1	美　　国	80 481	20.2
2	荷　　兰	32 494	8.2
3	中　　国	27 548	6.9
4	英　　国	22 031	5.5
5	中国香港	20 546	5.2
6	加 拿 大	20 330	5.1
7	日　　本	19 486	4.9
8	德　　国	19 290	4.8
9	卢 森 堡	16 265	4.1
10	新 加 坡	15 954	4.0
11	法　　国	14 898	3.7
12	瑞　　士	13 519	3.4
13	爱 尔 兰	11 844	3.0
	合　　计	**314 686**	**79.0**

注：2022 年中国对外直接投资数据来源于《中国对外直接投资统计公报》，其他国家（地区）数据来源于联合国贸发会议《2023 世界投资报告》。

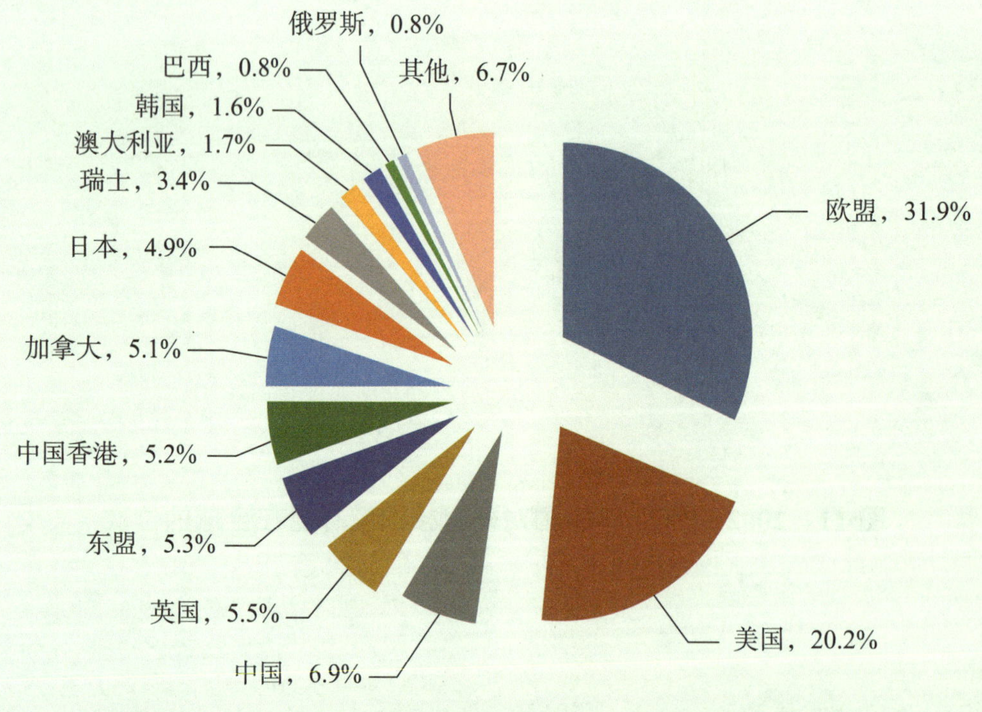

图 12　2022 年末全球主要经济体对外直接投资存量占比

2. 国家（地区）分布。

2022年末，中国对外直接投资存量分布在全球的190个国家（地区），占全球国家（地区）总数的81.5%。

2022年末，中国在**亚洲**的投资存量为18318.6亿美元，占66.5%，主要分布在中国香港、新加坡、印度尼西亚、中国澳门、马来西亚、阿拉伯联合酋长国、越南、泰国等国家（地区）；中国香港占亚洲存量的86.7%。

中国在**拉丁美洲**的投资存量为5961.5亿美元，占21.6%，主要分布在英属维尔京群岛、开曼群岛、巴西、秘鲁、阿根廷、墨西哥、巴哈马、智利、巴拿马、牙买加、委内瑞拉、厄瓜多尔等国家（地区）。其中英属维尔京群岛和开曼群岛合计存量5787.9亿美元，占对拉美地区投资存量的97.1%。

中国在**欧洲**的投资存量为1410.7亿美元，占5.1%，主要分布在荷兰、卢森堡、英国、瑞典、德国、俄罗斯联邦、瑞士、法国、意大利、爱尔兰、西班牙、格鲁吉亚等国家。2022年末，在中东欧17国的投资存量为34.9亿美元，占对欧投资的2.5%。

中国在**北美洲**的投资存量为1034.9亿美元，占3.8%，主要分布在美国、加拿大。

中国在**大洋洲**的投资存量为413.4亿美元，占1.5%，主要分布在澳大利亚、新西兰、巴布亚新几内亚、萨摩亚、马绍尔群岛共和国、斐济等国家。

中国在**非洲**的投资存量为409亿美元，占1.5%，主要分布在南非、刚果（金）、埃塞俄比亚、尼日利亚、赞比亚、安哥拉、尼日尔、肯尼亚、阿尔及利亚、津巴布韦、毛里求斯、坦桑尼亚、埃及、莫桑比克、加纳等国家。

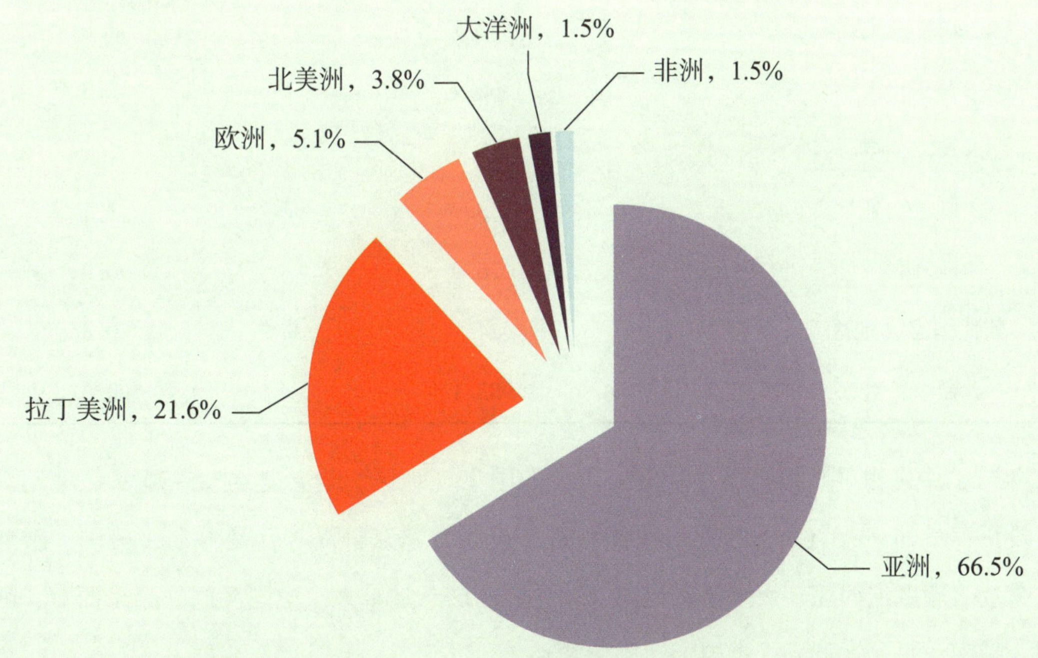

图13　2022年中国对外直接投资存量地区分布情况

中国对外直接投资存量的近九成分布在发展中经济体。2022年末，中国在发展中经济体的投资存量为24565亿美元，占89.2%，其中中国香港15886.7亿美元，占发展中经济体投资存量的64.7%；东盟1546.6亿美元，占6.3%。

2022年末，中国在发达经济体的直接投资存量为2983.1亿美元，占10.8%。其中欧盟1011.9亿美元，占在发达经济体投资存量的33.9%；美国791.7亿美元，占26.5%；澳大利亚357.9亿美元，占12%；英国193.5亿美元，占6.5%；加拿大133.1亿美元，占4.5%；百慕大群岛110.1亿美元，占3.7%；俄罗斯联邦99亿美元，占3.3%；瑞士82.7亿美元，占2.8%；韩国66.7亿美元，占2.3%；日本50.8亿美元，占1.7%；以色列33.9亿美元，占1.1%；新西兰26.9亿美元，占0.9%。

表12　2022年末中国在发达经济体直接投资存量情况

经济体名称	存量/亿美元	比重/%
欧　　盟	1 011.9	33.9
美　　国	791.7	26.5
澳大利亚	357.9	12.0
英　　国	193.5	6.5
加 拿 大	133.1	4.5
百慕大群岛	110.1	3.7
俄罗斯联邦	99.0	3.3
瑞　　士	82.7	2.8
韩　　国	66.7	2.3
日　　本	50.8	1.7
以 色 列	33.9	1.1
新 西 兰	26.9	0.9
其他国家（地区）	24.9	0.8
合　　计	**2 983.1**	**100.0**

2022年末，中国对外直接投资存量前二十位的国家（地区）合计达到25790.9亿美元，占中国对外直接投资存量的93.6%。分别是：中国香港、英属维尔京群岛、开曼群岛、美国、新加坡、澳大利亚、荷兰、印度尼西亚、卢森堡、英国、瑞典、德国、加拿大、中国澳门、马来西亚、阿拉伯联合酋长国、越南、百慕大群岛、泰国、俄罗斯联邦。

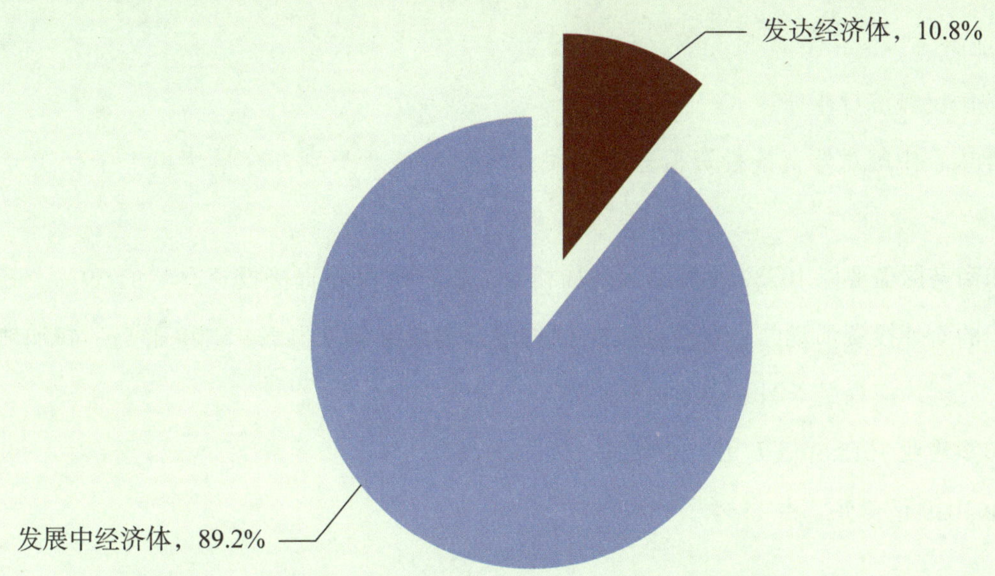

图 14　2022 年末中国对经济体直接投资存量构成

表 13　2022 年末中国对外直接投资存量前二十位的国家（地区）

序号	国家（地区）	存量/亿美元	比重/%
1	中国香港	15886.7	57.7
2	英属维尔京群岛	3672.8	13.3
3	开曼群岛	2115.1	7.7
4	美国	791.7	2.9
5	新加坡	734.5	2.7
6	澳大利亚	357.9	1.3
7	荷兰	283.0	1.0
8	印度尼西亚	247.2	0.9
9	卢森堡	205.5	0.7
10	英国	193.5	0.7
11	瑞典	186.7	0.7
12	德国	185.5	0.7
13	加拿大	133.1	0.5
14	中国澳门	126.9	0.5
15	马来西亚	120.5	0.4
16	阿拉伯联合酋长国	118.8	0.4
17	越南	116.6	0.4
18	百慕大群岛	110.1	0.4
19	泰国	105.7	0.4
20	俄罗斯联邦	99.0	0.3
	合　计	**25790.9**	**93.6**

3. 行业分布。

(1) 按国民经济行业分。

2022年末，中国对外直接投资覆盖了国民经济所有行业类别，存量规模上千亿美元的行业有6个。

租赁和商务服务业以10737.4亿美元高居榜首，占中国对外直接投资存量的39%。其包括以投资控股为主的对外投资活动，主要分布在中国香港、英属维尔京群岛、开曼群岛、新加坡、澳大利亚、美国、英国、卢森堡等国家（地区）。

批发和零售业3615.9亿美元，位列第二，占13.1%。

金融业3039亿美元，占11%。

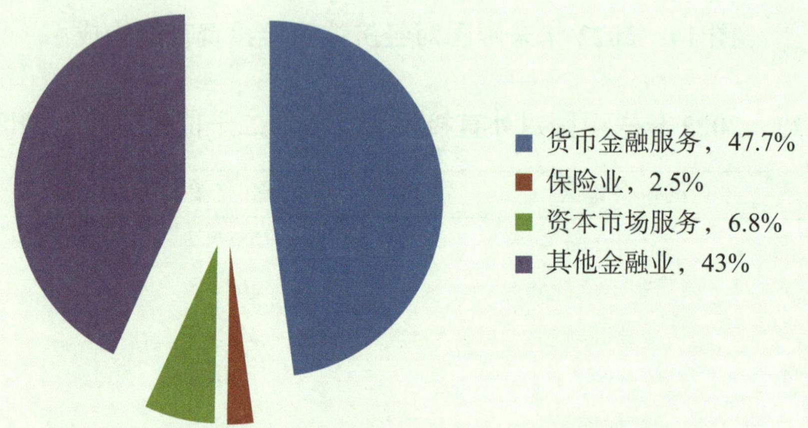

图15　2022年末中国对外金融业投资存量构成

制造业2680亿美元，占9.7%，主要分布在汽车制造、计算机/通信及其他电子设备制造、专用设备制造、其他制造、医药制造、非金属矿物制品等领域。其中汽车制造业存量631.8亿美元，占制造业投资存量的23.6%。

采矿业2101.3亿美元，占7.6%，主要分布在石油和天然气开采、有色金属矿采选、黑色金属矿采选、煤炭开采和洗选等领域。

信息传输/软件和信息技术服务业1384.9亿美元，占5%，是中国自然人对外投资较为集中的领域。

以上六个行业存量合计23558.6亿美元，占中国对外直接投资存量的85.5%。其他主要行业分布情况：

交通运输/仓储和邮政业968.4亿美元，占3.5%，主要分布在水上运输、多式联运和运输代理、航空运输、管道运输等。

房地产业 880.3 亿美元，占 3.2%。

电力/热力/燃气及水的生产和供应业 548 亿美元，占 2%，主要为电力、热力生产和供应业的投资。

建筑业 512 亿美元，占 1.9%，主要为土木工程、房屋建筑、建筑安装、建筑装饰/装修和其他建筑业的投资。

科学研究和技术服务业 445.6 亿美元，占 1.6%，主要为科技推广和应用服务、专业技术服务、研究和试验发展等。

农/林/牧/渔业 187.1 亿美元，占 0.7%，主要为农/林/牧/渔专业及辅助性活动、农业、林业的投资。

居民服务/修理和其他服务业 141.5 亿美元，占 0.5%，主要为其他服务业以及居民服务业的投资。

文化/体育和娱乐业 112.1 亿美元，占 0.4%。

教育 93.8 亿美元，占 0.4%。

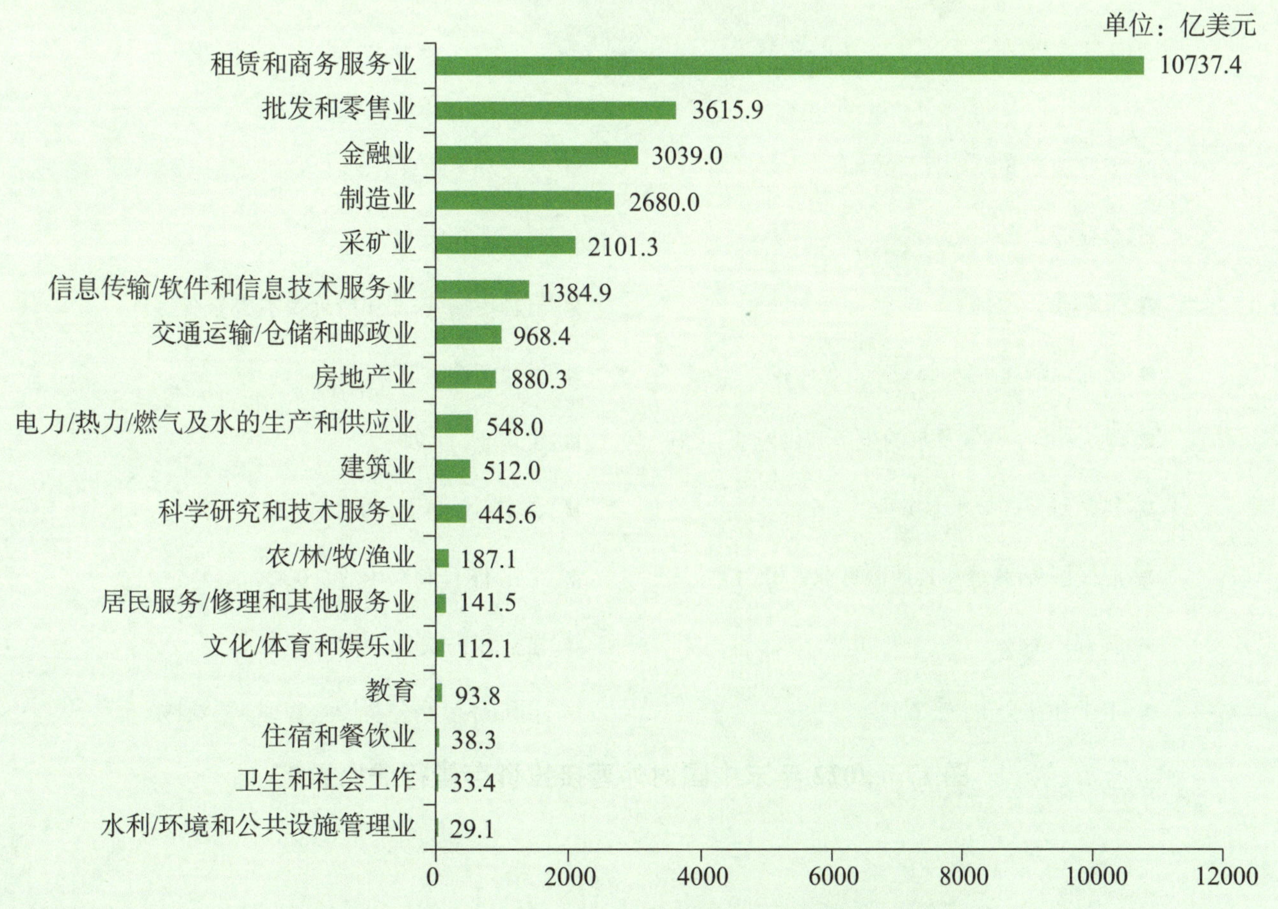

图 16　2022 年末中国对外直接投资存量行业分布

住宿和餐饮业 38.3 亿美元，占 0.2%。

卫生和社会工作 33.4 亿美元，占 0.1%。

水利/环境和公共设施管理业 29.1 亿美元，占 0.1%。

从不同地区的行业分布情况看，中国对各地区直接投资的行业高度集中。

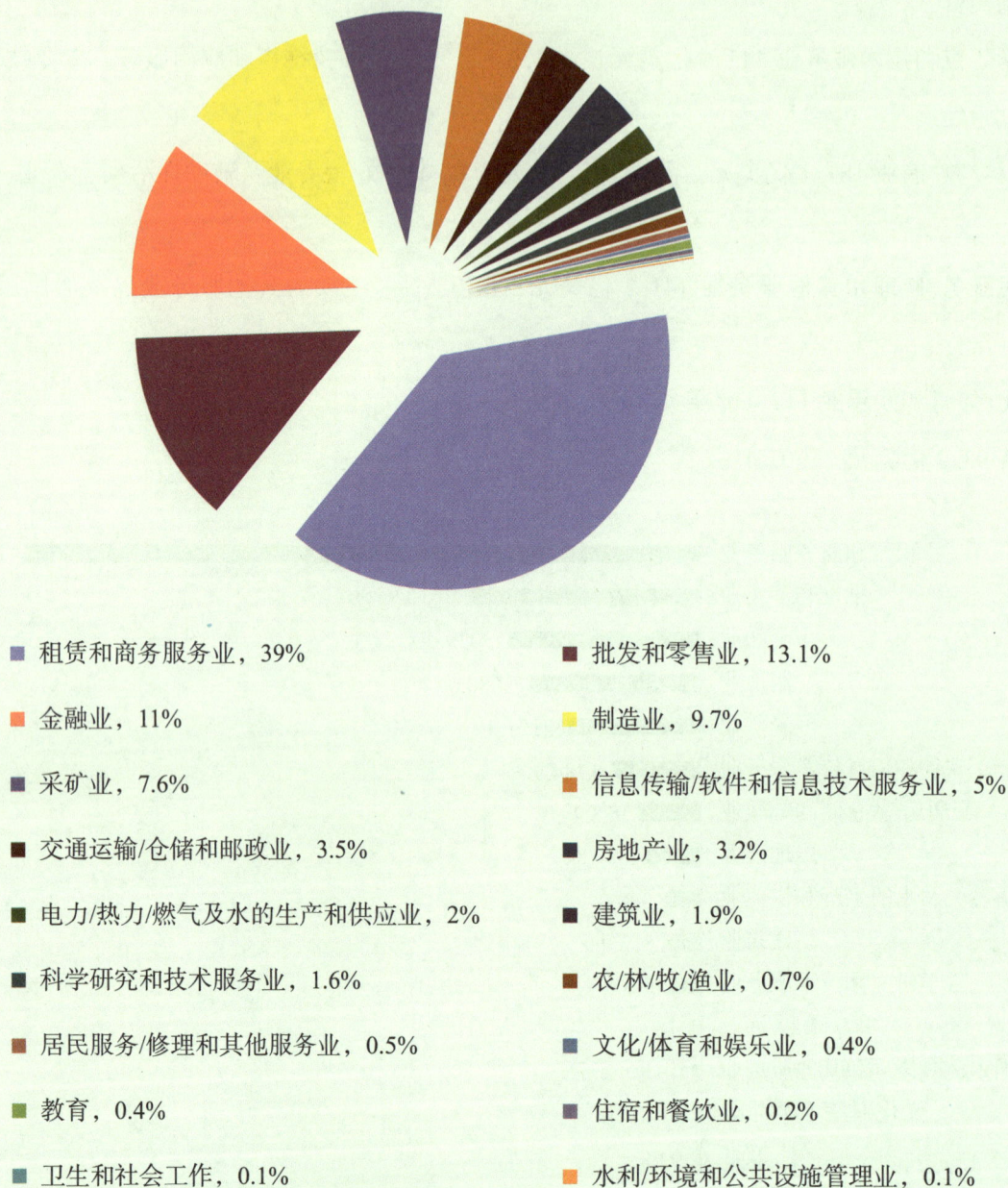

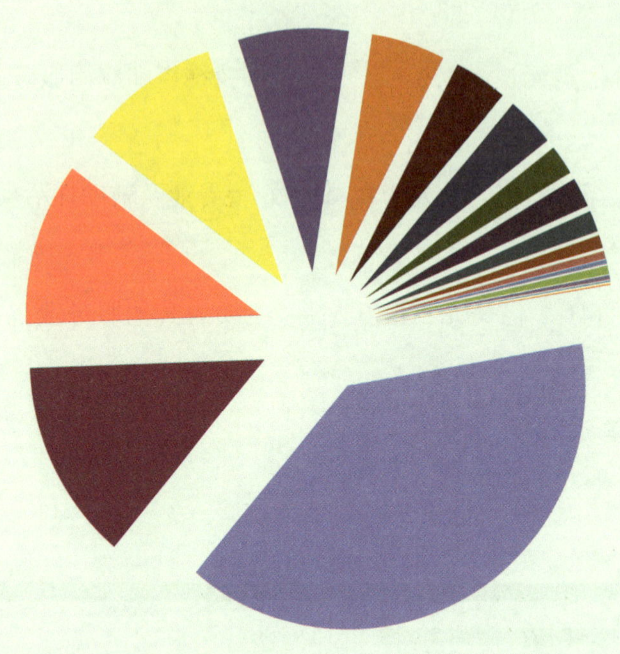

图 17　2022 年末中国对外直接投资存量行业比重

表 14　2022 年末中国对各洲直接投资存量前五位的行业

地区	行业名称	存量/亿美元	占比/%
亚洲	租赁和商务服务业	7 786.1	42.5
	批发和零售业	2 728.4	14.9
	金融业	2 095.7	11.4
	制造业	1 361.3	7.4
	采矿业	1 199.2	6.6
	小计	**15 170.7**	**82.8**
非洲	建筑业	136.2	33.3
	采矿业	97.2	23.8
	制造业	50.6	12.4
	金融业	44.0	10.7
	租赁和商务服务业	21.6	5.3
	小计	**349.6**	**85.5**
欧洲	制造业	479.1	34.0
	金融业	218.2	15.5
	采矿业	210.1	14.9
	租赁和商务服务业	137.8	9.7
	房地产业	74.8	5.3
	小计	**1 120.0**	**79.4**
拉丁美洲	租赁和商务服务业	2 637.1	44.2
	信息传输/软件和信息技术服务业	836.9	14.0
	批发和零售业	721.8	12.1
	制造业	477.4	8.0
	金融业	443.4	7.5
	小计	**5 116.6**	**85.8**
北美洲	制造业	286.6	27.7
	采矿业	196.7	19.0
	金融业	196.6	19.0
	租赁和商务服务业	80.6	7.8
	批发和零售业	72.6	7.0
	小计	**833.1**	**80.5**
大洋洲	采矿业	174.4	42.2
	租赁和商务服务业	74.1	17.9
	金融业	41.2	10.0
	房地产业	28.4	6.8
	制造业	25.0	6.1
	小计	**343.1**	**83.0**

（2）按三次产业分。

2022年末，中国对外直接投资存量的近八成集中在第三产业（即服务业），金额为21636.9亿美元，主要分布在租赁和商务服务、批发和零售、金融、信息传输/软件和信息技术服务、交通运输/仓储和邮政、房地产等领域。第二产业5793.5亿美元，占中国对外直接投资存量的21%，其中制造业（不含金属制品/机械和设备修理业）2678.2亿美元，占第二产业的46.2%；采矿业（不含开采辅助活动）2055.2亿美元，占35.5%；电力/热力/燃气及水的生产和供应业548亿美元，占9.5%；建筑业512亿美元，占8.8%。第一产业（农/林/牧/渔业，但不含农/林/牧/渔服务业）117.7亿美元，占中国对外直接投资存量的0.4%。

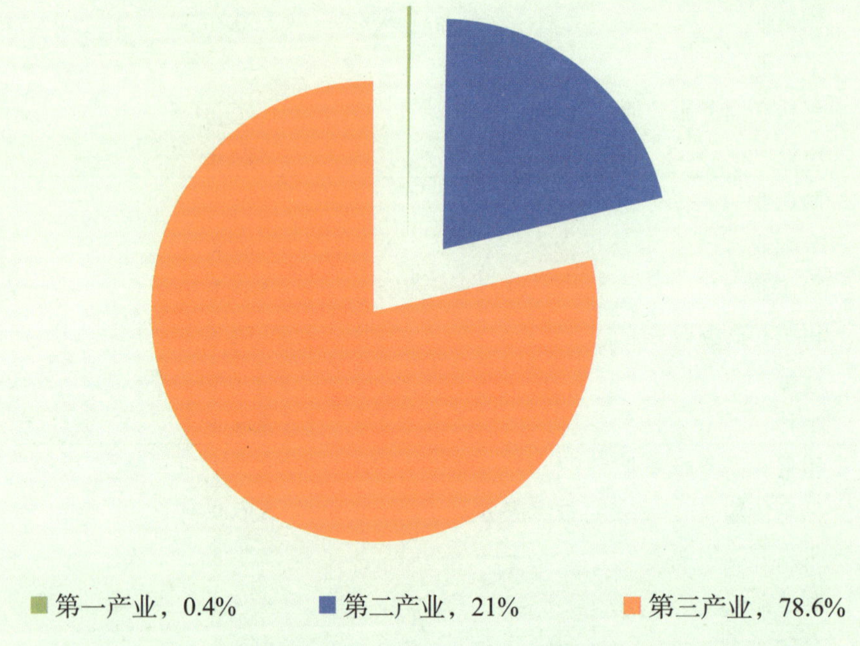

图18　2022年末中国对外直接投资存量按三次产业分类构成

4. 按境内投资者工商行政管理注册类型分类。

2022年末，在对外非金融类直接投资24509.1亿美元存量中，国有企业占52.4%；非国有企业占47.6%，其中股份有限公司占11%，有限责任公司占10.2%，私营企业占6.8%，个体经营占4.7%，外商投资企业占3%，港澳台商投资企业占1.7%，股份合作企业占0.4%，集体企业占0.4%，其他占9.4%。

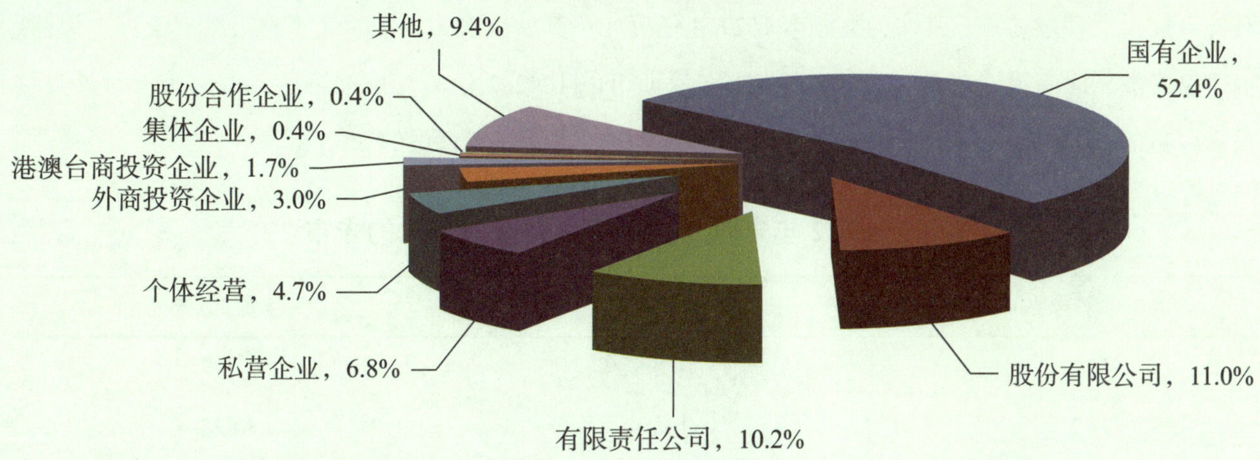

图 19　2022 年末中国对外非金融类直接投资存量按境内投资者注册类型分布情况

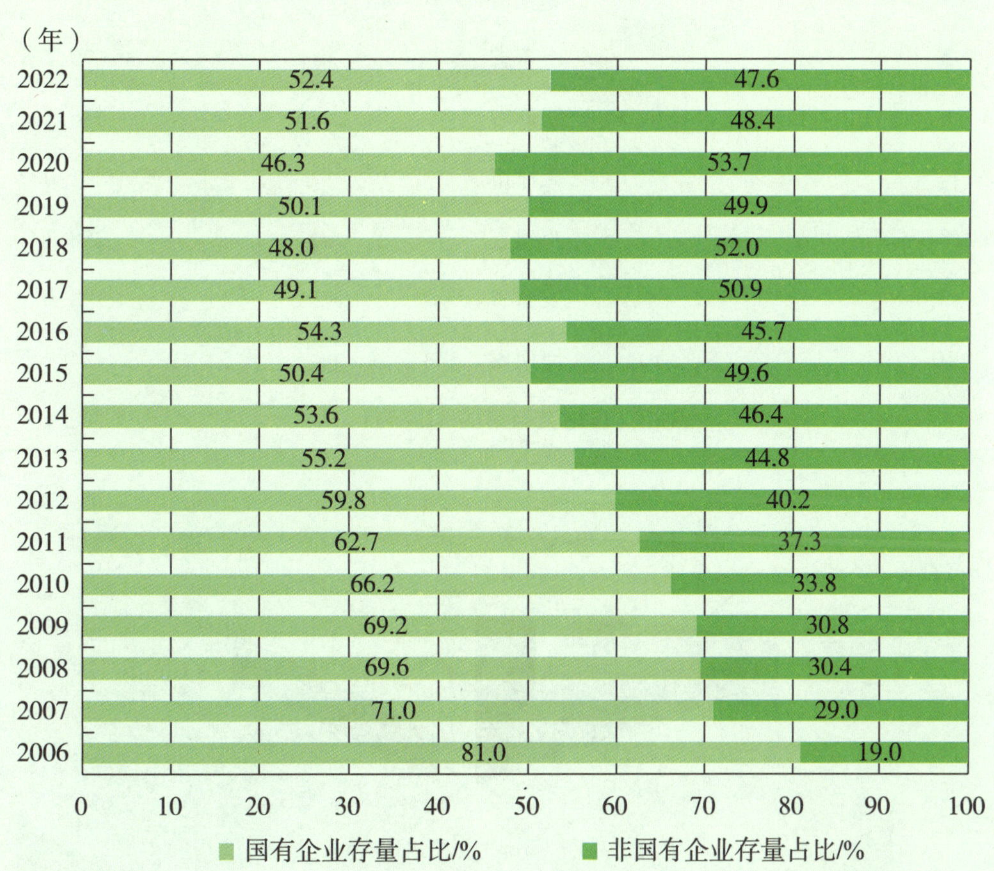

图 20　2006—2022 年中国国有企业和非国有企业存量占比情况

5. 省市分布。

2022 年末，地方企业对外非金融类直接投资存量达到 9328.8 亿美元，占全国非金融类存量的 38.1%。其中，东部地区 7616.4 亿美元，占 81.6%；西部地区 778.9 亿美元，占 8.4%；中部地区 741 亿美元，占 7.9%；东北三省 192.5 亿美元，占 2.1%。广东省以 1799.9 亿美元的存量位列地方对外直接投资存量之首，其次为上海市1627.4亿美元，其后依次为浙江、北京、山东、江苏、天津、福建、安徽、河南等。在5个计划单列市中，深圳市以1042.2亿美元位列第一，占广东省对外直接投资存量的57.9%；宁波市以294.6亿美元位列第二，占浙江省存量的28.7%。

表15　2022年末对外直接投资存量前十位的省市

序号	省市	存量/亿美元
1	广东省	1 799.9
2	上海市	1 627.4
3	浙江省	1 028.1
4	北京市	1 015.4
5	山东省	699.2
6	江苏省	636.2
7	天津市	261.0
8	福建省	258.1
9	安徽省	198.6
10	河南省	184.2
	合计（占地方存量的82.6%）	**7 708.1**

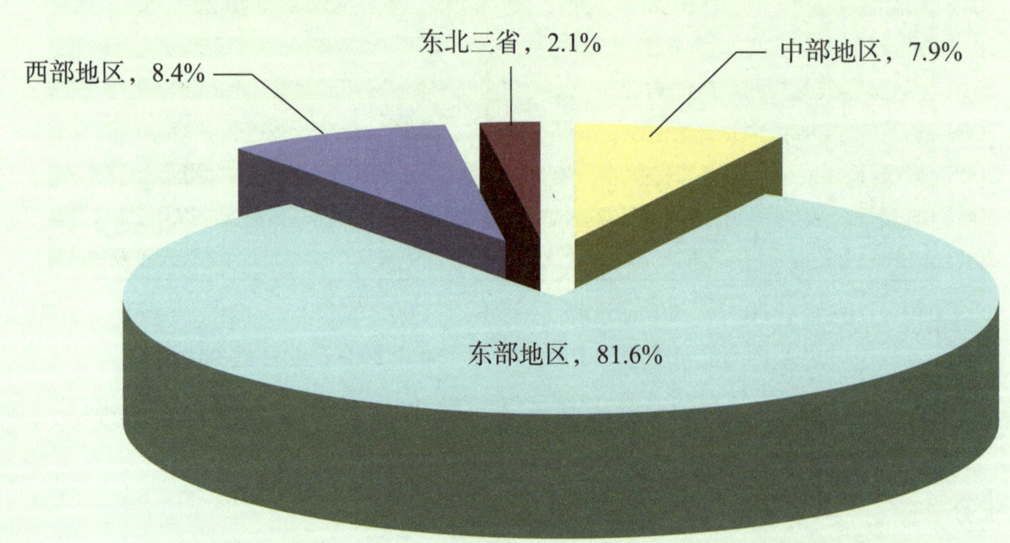

图21　2022年末地方企业对外直接投资存量地区比重构成

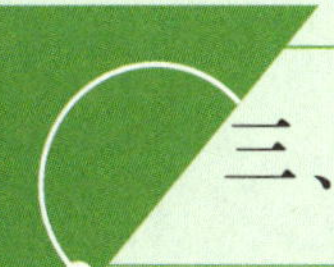

三、中国对世界主要经济体的直接投资

表 16 2022 年中国对主要经济体投资情况表

经济体名称	流量			存量	
	金额/亿美元	比上年/%	比重/%	金额/亿美元	比重%
中国香港	975.3	-3.6	59.8	15 886.7	57.6
东　　盟	186.5	-5.5	11.4	1 546.6	5.6
欧　　盟	69.0	-12.2	4.2	1 011.9	3.7
美　　国	72.9	30.6	4.5	791.7	2.9
澳大利亚	27.9	44.9	1.7	357.9	1.3
合　　计	**1 331.6**	**-2.3**	**81.6**	**19 594.8**	**71.1**

（一）中国内地对中国香港的投资

2022 年，中国内地对中国香港的投资流量 975.3 亿美元，比上年下降 3.6%，占当年中国对外直接投资总额的 59.8%，占对亚洲投资流量近八成。

从流量行业构成情况看，投资流向租赁和商务服务业 354.8 亿美元，比上年下降 5.1%，占 36.4%，排名第一；批发和零售业 135.8 亿美元，下降 37.8%，占 13.9%，位居次席；交通运输/仓储和邮政业 121.8 亿美元，增长 37.5%，占 12.5%；采矿业 119.5 亿美元，增长 191.6%，占 12.3%；制造业 78.4 亿美元，增长 25.8%，占 8%；金融业 73.4 亿美元，下降 44.4%，占 7.5%；房地产业 19.2 亿美元，下降 53.8%，占 2%。

2022 年末，中国内地共在中国香港设立直接投资企业超 1.5 万家，年末投资存量为 15886.7 亿美元，占中国内地对境外直接投资存量的一半以上，占对亚洲投资存量的 86.7%。从存量的主要行业构成看，主要分布在租赁和商务服务业 7532.6 亿美元，占 47.4%；批发和零售业 2419.1 亿美元，占 15.2%；金融业 1805.7 亿美元，占 11.4%；采矿业 995 亿美元，占 6.3%；制造业 737.1 亿美元，占 4.6%；房地产业 678.2 亿美元，占 4.3%；交通运输/仓储和邮政业 612.9 亿美元，占 3.9%；信息传输/软件和信息技术服务业 400.5 亿美元，占 2.5%；电力/热力/燃气及水的生产和供应业 247.4 亿美元，占1.6%；科学研究和技术服务业109.3亿美元，占0.7%；建筑业102.1亿美元，占0.6%；居民服务/修理和其他服务业85.4亿美元，占0.5%；文化/体育和娱乐业占0.5%；农/林/牧/渔业占0.2%；水利/环境和公共设施管理业占0.1%；其他行业占0.2%。

表17　2022年中国内地对中国香港直接投资的主要行业

行业	流量/万美元	比重/%	存量/万美元	比重/%
租赁和商务服务业	3 548 371	36.4	75 326 479	47.4
批发和零售业	1 357 727	13.9	24 190 982	15.2
金融业	733 581	7.5	18 057 329	11.4
采矿业	1 194 710	12.3	9 950 160	6.3
制造业	784 395	8.0	7 371 410	4.6
房地产业	191 588	2.0	6 781 784	4.3
交通运输/仓储和邮政业	1 218 258	12.5	6 129 076	3.9
信息传输/软件和信息技术服务业	163 157	1.7	4 004 846	2.5
电力/热力/燃气及水的生产和供应业	129 461	1.3	2 473 748	1.6
科学研究和技术服务业	130 893	1.3	1 093 499	0.7
建筑业	127 841	1.3	1 021 243	0.6
居民服务/修理和其他服务业	9 626	0.1	853 617	0.5
文化/体育和娱乐业	151 616	1.6	821 747	0.5
农/林/牧/渔业	-9 970	-0.1	288 839	0.2
水利/环境和公共设施管理业	8 477	0.1	204 538	0.1
其他行业	13 692	0.1	298 088	0.2
合计	**9 753 423**	**100.0**	**158 867 384**	**100.0**

（二）中国对东盟的投资

2022年，中国对东盟的直接投资流量为186.5亿美元，比上年下降5.5%，占当年流量总额的11.4%，占对亚洲投资流量的15%；年末存量为1546.6亿美元，占存量总额的5.6%，对亚洲投资存量的8.4%。2022年末，中国共在东盟设立直接投资企业超过6500家，雇佣外方员工超66万人。

从流量行业构成情况看，投资的第一目标行业是制造业82.1亿美元，比上年下降4.7%，占

44%，主要流向印度尼西亚、越南、新加坡和马来西亚；第二是批发和零售业42亿美元，增长32.4%，占22.5%，主要流向新加坡；采矿业位列第三，18.1亿美元，增长235.5%，占9.7%，主要流向新加坡、印度尼西亚；电力/热力/燃气及水的生产和供应业15.8亿美元，增长8.6%，占8.5%，主要流向印度尼西亚、马来西亚、新加坡；金融业9.4亿美元，增长44%，占比5%，主要流向新加坡；租赁和商务服务业6亿美元，下降72%，占3.2%，主要流向印度尼西亚和柬埔寨；信息传输/软件和信息技术服务业4.1亿美元，增长2.7%，占2.2%，主要流向新加坡；教育2.2亿美元，上年同期为负流量，占1.2%，主要流向新加坡；居民服务/修理和其他服务业2亿美元，下降66.9%，占1.1%，主要流向新加坡；建筑业1.6亿美元，下降72.9%，占0.9%，主要流向新加坡、越南；交通运输/仓储和邮政业1.5亿美元，下降85.4%，占0.8%，主要流向新加坡、菲律宾。

从流向的主要国家看，新加坡位居首位，流量达83亿美元，比上年下降1.3%，占对东盟投资流量的44.5%，主要投向批发和零售业、制造业等；其次为印度尼西亚45.5亿美元，增长4%，占24.4%，主要投向制造业、采矿业、电力/热力/燃气及水的生产和供应业等；越南位列第三，17亿美元，下降22.9%，占9.1%，主要投向制造业、批发和零售业等。

从存量的主要行业构成看，投向制造业492.8亿美元，占31.9%，主要分布在印度尼西亚、新加坡、越南、泰国和马来西亚等；批发和零售业247.7亿美元，占16%，主要分布在新加坡、马来西亚、泰国等；租赁和商务服务业224.9亿美元，占14.5%，主要分布在新加坡、印度尼西亚、老挝等；电力/热力/燃气及水的生产和供应业144.8亿美元，占9.4%，主要分布在新加坡、印度尼西亚、马来西亚、缅甸和越南等；建筑业95.1亿美元，占6.1%，主要分布在柬埔寨、印度尼西亚、新加坡、老挝、马来西亚等；金融业80.8亿美元，占5.2%，主要分布在新加坡、泰国、印度尼西亚、马来西亚等；交通运输/仓储和邮政业60亿美元，占3.9%，主要分布在新加坡、老挝等；采矿业57.3亿美元，占3.7%，主要分布在印度尼西亚、新加坡和缅甸等；农/林/牧/渔业52.8亿美元，占3.4%，主要分布在老挝、新加坡、印度尼西亚、柬埔寨等；信息传输/软件和信息技术服务业34.1亿美元，占2.2%，主要集中在新加坡；房地产业15.5亿美元，占1%，主要分布在新加坡、印度尼西亚、老挝等。

从存量的国别构成看，中国对新加坡直接投资额位居首位，达734.5亿美元，占对东盟投资存量的47.5%，主要投向租赁和商务服务业、批发和零售业、制造业、金融业等；其次为印度尼西亚247.2亿美元，占16%，主要投向制造业、电力/热力/燃气及水的生产和供应业、采矿业等；马来西亚位列第三，120.5亿美元，占7.8%，主要投向制造业、电力/热力/燃气及水的生产和供应业、建筑业、批发和零售业等。

表18 2022年中国对东盟直接投资的主要行业

行业	流量/万美元	比重/%	存量/万美元	比重/%
制造业	821 472	44.0	4 928 369	31.9
批发和零售业	419 984	22.5	2 476 767	16.0
租赁和商务服务业	60 100	3.2	2 248 521	14.5
电力/热力/燃气及水的生产和供应业	157 812	8.5	1 448 266	9.4
建筑业	15 859	0.9	950 899	6.1
金融业	93 586	5.0	808 088	5.2
交通运输/仓储和邮政业	14 949	0.8	600 297	3.9
采矿业	181 455	9.7	573 314	3.7
农/林/牧/渔业	7 657	0.4	528 177	3.4
信息传输/软件和信息技术服务业	41 268	2.2	341 151	2.2
房地产业	7 866	0.4	154 595	1.0
居民服务/修理和其他服务业	19 927	1.1	141 906	0.9
科学研究和技术服务业	-12 843	-0.7	131 525	0.9
水利/环境和公共设施管理业	6 832	0.4	41 657	0.3
教育	21 617	1.2	38 140	0.2
其他行业	7 340	0.4	54 591	0.4
合计	**1 864 881**	**100.0**	**15 466 263**	**100.0**

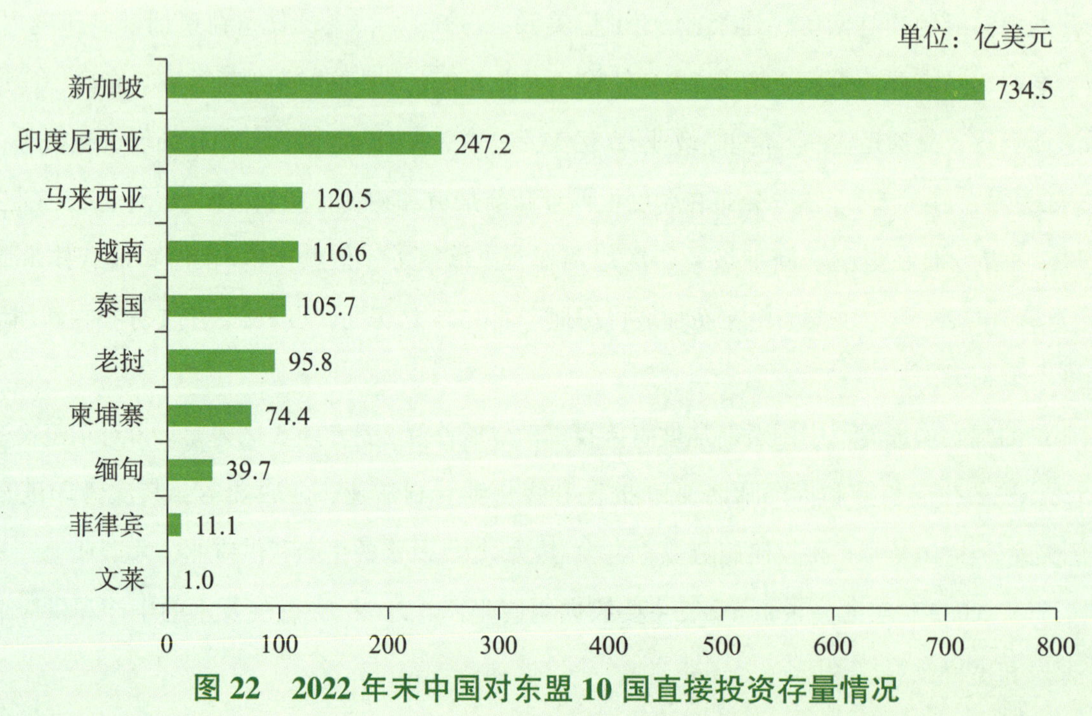

图22 2022年末中国对东盟10国直接投资存量情况

（三）中国对欧盟的投资

2022年，中国对欧盟的投资流量69亿美元，比上年下降12.2%，占流量总额的4.2%。2022年末，中国共在欧盟设立直接投资企业超2800家，覆盖欧盟的全部27个成员国，雇佣外方员工超27万人。

从流向的主要国家看，卢森堡位居首位，流量达32.5亿美元，比上年增长116.8%，占47.1%，主要投向金融业、科学研究和技术服务业、居民服务/修理和其他服务业、制造业等；其次为德国19.8亿美元，下降27%，占对欧盟投资流量的28.7%，主要投向制造业、电力/热力/燃气及水的生产和供应业等；瑞典18.5亿美元位列第三，增长44.5%，占26.8%，主要投向制造业、批发和零售业等。

从整体行业分布看，2022年中国企业投资欧盟的第一大行业是制造业38.6亿美元，比上年增长4.6%，占56%，主要流向瑞典、德国、卢森堡等；第二是金融业19.7亿美元，增长76.6%，占28.6%，主要集中在卢森堡、德国和爱尔兰；批发和零售业排在第三，6.5亿美元，增长10倍，占9.4%，主要流向荷兰、瑞典等；科学研究和技术服务业6.3亿美元，增长2.7倍，占9.2%，主要流向卢森堡、荷兰、德国等；电力/热力/燃气及水的生产和供应业5.6亿美元，增长42%，占8.1%，主要流向德国、卢森堡等；居民服务/修理和其他服务业4亿美元，下降9.7%，占5.8%，主要流向卢森堡等；交通运输/仓储和邮政业2.2亿美元，增长67.7%，占3.2%，主要集中在德国等；租赁和商务服务业1.8亿美元，下降61.2%，占2.6%，主要流向德国、比利时、卢森堡等；建筑业0.6亿美元，占0.9%；农/林/牧/渔业0.5亿美元，占0.7%。

2022年末，中国对欧盟直接投资存量为1011.9亿美元，占中国对外直接投资存量的3.7%。存量上百亿美元的国家为荷兰、卢森堡、瑞典、德国。其中，对荷兰直接投资存量居首位，达283亿美元，占对欧盟投资存量的28%，主要投向采矿业、制造业、信息传输/软件和信息技术服务业、批发和零售业等；其次为卢森堡205.5亿美元，占20.3%，主要投向金融业、制造业、租赁和商务服务业等；瑞典位列第三，186.7亿美元，占18.5%，主要投向制造业、房地产业、住宿和餐饮业等。

从存量的行业分布看，制造业343.4亿美元，占34%，主要分布在瑞典、德国、荷兰、卢森堡、意大利等；采矿业181.3亿美元，占17.9%，主要分布在荷兰、卢森堡等；金融业138.2亿美元，占13.7%，主要分布在卢森堡、德国、法国、意大利等；租赁和商务服务业88.1美元，占8.7%，主要分布在卢森堡、德国、法国、荷兰、爱尔兰等；房地产业63.2亿美元，占6.3%，主要集中在瑞典、德国等；批发和零售业48亿美元，占4.7%，主要分布在法国、德国、荷兰、卢森堡、意大利等；信息传输/软件和信息技术服务业45.9亿美元，占4.5%，主要集中在荷兰、德国等；电力/热力/燃气及水的生产和供应业31.8亿美元，占3.1%，主要分布在卢森堡、德国、西班牙等；科学研究和技术服务业23.8亿美元，占2.4%，主要分布在卢森堡、德国、荷兰、意大利等；交通运输/仓储和邮政业14.8亿美元，占1.5%，主要分布在德国等；居民服务/修理和其他服务业14.2亿美元，占1.4%，主要分布在卢森堡、德国等。

表19　2022年中国对欧盟直接投资的主要行业

行业	流量/万美元	比重/%	存量/万美元	比重/%
制造业	386 441	56.0	3 434 488	34.0
采矿业	-30 696	-4.4	1 813 436	17.9
金融业	197 486	28.6	1 381 889	13.7
租赁和商务服务业	18 037	2.6	881 130	8.7
房地产业	-1	0.0	632 468	6.3
批发和零售业	64 657	9.4	479 575	4.7
信息传输/软件和信息技术服务业	-137 408	-19.9	459 359	4.5
电力/热力/燃气及水的生产和供应业	56 115	8.1	317 927	3.1
科学研究和技术服务业	63 431	9.2	238 119	2.4
交通运输/仓储和邮政业	22 414	3.2	148 462	1.5
居民服务/修理和其他服务业	39 794	5.8	141 630	1.4
住宿和餐饮业	-2 876	-0.4	75 588	0.7
农/林/牧/渔业	4 995	0.7	62 545	0.6
建筑业	6 183	0.9	21 990	0.2
文化/体育和娱乐业	101	0.0	16 311	0.2
其他行业	1 384	0.2	14 334	0.1
合计	**690 058**	**100.0**	**10 119 250**	**100.0**

（四）中国对美国的投资

2022年，中国对美国直接投资流量72.9亿美元，较上年增长30.6%，占当年中国对外直接投资流量的4.5%；存量为791.7亿美元，占中国对外直接投资存量的2.9%，占对北美洲投资存量的76.5%。2022年末，中国共在美国设立境外企业近5300家，雇佣外方员工超过7.6万人。

2022年，中国对美投资覆盖国民经济18个行业大类。从构成情况看，流向金融业32.9亿美元，比上年下降10.4%，占45.1%；制造业15.4亿美元，下降13.6%，占21.1%，位居次席；科学研究和技术服务业 6.5 亿美元，增长 9.7%，占 8.9%；批发和零售业 5.9 亿美元，下降 44.6%，占 8.1%；采矿业 3.6 亿美元，增长 4.7 倍，占 4.9%；信息传输/软件和信息技术服务业 3.1 亿美元，上年为-18.3 亿美元，占 4.3%。

从存量的行业构成看，主要分布在制造业 247.8 亿美元，占 31.3%；金融业 168.2 亿美元，占 21.3%；批发和零售业 70.3 亿美元，占 8.9%；租赁和商务服务业 70 亿美元，占 8.8%；采矿业 63.7 亿美元，占 8%；科学研究和技术服务业 39.8 亿美元，占 5%；房地产业 33.4 亿美元，占 4.2%；信息传输/软件和信息技术服务业 28.3 亿美元，占 3.6%；建筑业 17 亿美元，占 2.2%；文化/体育和娱乐业 16 亿美元，占 2%；交通运输/仓储和邮政业占 1.3%；电力/热力/燃气及水的生产和供应业占 0.8%。

表 20　2022 年中国对美国直接投资的主要行业

行业	流量/万美元	比重/%	存量/万美元	比重%
制造业	154 055	21.1	2 478 217	31.3
金融业	329 061	45.1	1 681 535	21.3
批发和零售业	58 770	8.1	702 577	8.9
租赁和商务服务业	12 172	1.7	700 263	8.8
采矿业	35 841	4.9	636 872	8.0
科学研究和技术服务业	64 770	8.9	398 144	5.0
房地产业	5 432	0.7	334 477	4.2
信息传输/软件和信息技术服务业	31 312	4.3	283 151	3.6
建筑业	13 220	1.8	170 062	2.2
文化/体育和娱乐业	1 194	0.2	159 700	2.0
交通运输/仓储和邮政业	27 019	3.7	100 602	1.3
电力/热力/燃气及水的生产和供应业	1 223	0.2	65 270	0.8
农/林/牧/渔业	5 227	0.7	52 249	0.7
住宿和餐饮业	-16 580	-2.3	46 921	0.6
教育	456	0.1	43 299	0.5
其他行业	6 036	0.8	63 853	0.8
合计	**729 208**	**100.0**	**7 917 190**	**100.0**

(五) 中国对澳大利亚的投资

2022年，中国对澳大利亚的投资流量27.9亿美元，比上年增长44.9%，占流量总额的1.7%，占对大洋洲投资流量的超九成。从行业分布情况看，投资主要流向：租赁和商务服务业19.1亿美元，占68.7%；采矿业5.9亿美元，占21.2%；金融业4.5亿美元，占16.2%；卫生和社会工作2亿美元，占7.1%；交通运输/仓储和邮政业0.9亿美元，占3.2%。

2022年末，中国对澳大利亚的投资存量为357.9亿美元，占中国对外直接投资存量的1.3%，占对大洋洲投资存量的86.6%；共在澳大利亚设立近900家境外企业，雇佣外方员工超2.5万人。从存量的主要行业分布情况看，投向采矿业161.5亿美元，占45.1%；租赁和商务服务业70.4亿美元，占19.7%；金融业34.7亿美元，占9.7%；房地产业26亿美元，占7.2%；制造业21.6亿美元，占6%；农/林/牧/渔业10.4亿美元，占2.9%；电力/热力/燃气及水的生产和供应业8.2亿美元，占2.3%。

表21　2022年中国对澳大利亚直接投资的主要行业

行业	流量/万美元	比重/%	存量/万美元	比重/%
采矿业	59 053	21.2	1 615 249	45.1
租赁和商务服务业	191 300	68.7	703 583	19.7
金融业	45 164	16.2	347 375	9.7
房地产业	-1 764	-0.6	259 525	7.2
制造业	-52 941	-19.0	216 372	6.0
农/林/牧/渔业	1 919	0.7	103 770	2.9
电力/热力/燃气及水的生产和供应业	3 480	1.2	81 862	2.3
批发和零售业	-2 323	-0.8	81 767	2.3
建筑业	2 379	0.9	48 787	1.4
交通运输/仓储和邮政业	8 960	3.2	47 095	1.3
科学研究和技术服务业	549	0.2	22 561	0.6
卫生和社会工作	19 792	7.1	20 202	0.6
住宿和餐饮业	930	0.3	10 859	0.3
居民服务/修理和其他服务业	14	0.0	10 214	0.3
其他行业	2 076	0.7	9 608	0.3
合计	**278 588**	**100.0**	**3 578 829**	**100.0**

四、中国对外直接投资者的构成

2022 年末，中国对外直接投资者（以下简称境内投资者）超 2.9 万家，从其在中国市场监督管理部门登记注册情况看，私营企业占 33.6%，是中国对外投资占比最大、最为活跃的群体；有限责任公司占 28.7%，位列次席；股份有限公司占 13.5%；外商投资企业占 5.7%；国有企业占 5.6%；港/澳/台商投资企业占 4.1%；个体经营占 2.2%；股份合作企业占 1%，集体企业占 0.3%，联营企业占 0.1%，其他占 5.2%。

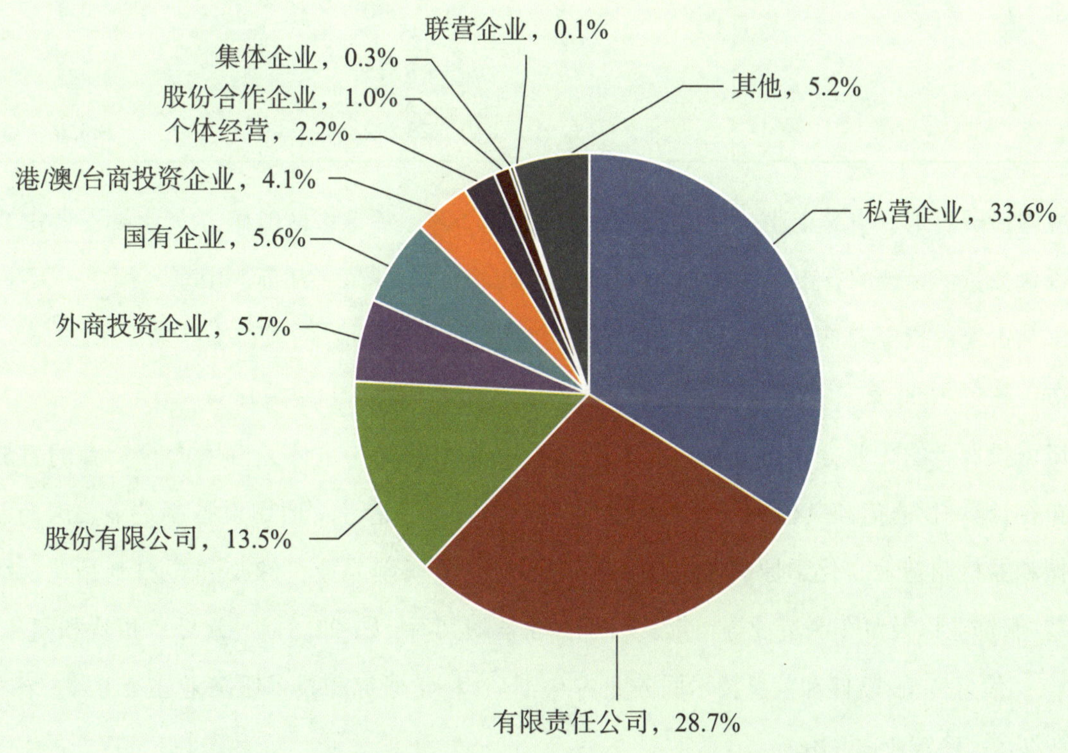

图 23　2022 年末境内投资者按登记注册类型构成

表 22　2022 年末中国境内投资者按登记注册类型分类情况

工商登记注册类型	数量/家	比重/%
私营企业	9 835	33.6
有限责任公司	8 412	28.7
股份有限公司	3 951	13.5
外商投资企业	1 660	5.7
国有企业	1 641	5.6
港/澳/台商投资企业	1 190	4.1
个体经营	643	2.2
股份合作企业	301	1.0
集体企业	104	0.3
联营企业	40	0.1
其他	1 515	5.2
合计	**29 292**	**100.0**

在境内投资者中，中央企业及单位172家，仅占0.6%。各省市区的地方企业投资者占99.4%。境内投资者数量前十位的省市区依次为：广东、上海、浙江、北京、江苏、山东、福建、天津、辽宁和四川，共占境内投资者总数的81.7%。广东省境内投资者数量最多，近7000家，占23.6%；其次为上海市，超过3600家，占12.4%；浙江省位列第三，超3300家，占11.3%。

从境内投资者的行业分布看，制造业是对外投资最为活跃的主体，占境内投资者的三成以上，主要分布在计算机/通信和其他电子设备制造业、专用设备制造业、通用设备制造业、医药制造业、电气机械和器材制造业、化学原料和化学制品制造业、金属制品业、橡胶和塑料制品业、纺织业、纺织服装/服饰业以及汽车制造业等；批发和零售业紧随其后，占22.3%。此外，租赁和商务服务业占14.1%；信息传输/软件和信息技术服务业占9.4%；科学研究和技术服务业占4.8%；农/林/牧/渔业占3.7%；建筑业占3%。

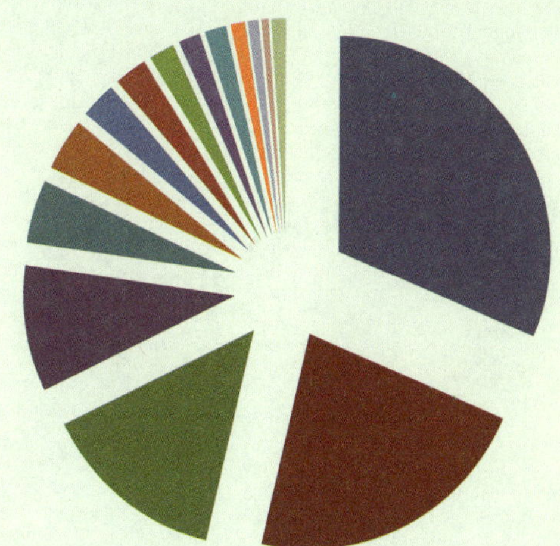

■ 制造业，31.4%
■ 批发和零售业，22.3%
■ 租赁和商务服务业，14.1%
■ 信息传输/软件和信息技术服务业，9.4%
■ 科学研究和技术服务业，4.8%
■ 农/林/牧/渔业，3.7%
■ 建筑业，3.0%
■ 交通运输/仓储和邮政业，2.4%
■ 房地产业，1.9%
■ 采矿业，1.7%
■ 居民服务/修理和其他服务业，1.6%
■ 文化/体育和娱乐业，1.3%
■ 电力/热力/燃气及水的生产和供应业，0.7%
■ 住宿和餐饮业，0.7%
■ 其他，1.0%

图 24　2022 年末境内投资者行业构成情况

表 23　2022 年末中国境内投资者行业构成情况

行业	数量/家	比重/%
制造业	9 201	31.4
批发和零售业	6 525	22.3
租赁和商务服务业	4 113	14.1
信息传输/软件和信息技术服务业	2 751	9.4
科学研究和技术服务业	1 415	4.8
农/林/牧/渔业	1 081	3.7
建筑业	869	3.0
交通运输/仓储和邮政业	709	2.4
房地产业	560	1.9
采矿业	510	1.7
居民服务/修理和其他服务业	468	1.6
文化/体育和娱乐业	374	1.3
电力/热力/燃气及水的生产和供应业	206	0.7
住宿和餐饮业	204	0.7
其他	306	1.0
合计	**29 292**	**100.0**

五、中国对外直接投资企业的构成

（一）国家（地区）分布

2022年末，中国境内投资者共在全球190个国家（地区）设立对外直接投资企业（简称境外企业）4.7万家，较上年末增加近1000家，遍布全球超过80%的国家（地区）。其中，亚洲的境外企业覆盖率为95.7%，欧洲为87.8%，非洲为86.7%，北美洲为75%，拉丁美洲为67.3%，大洋洲为58.3%。

表24 2022年末中国境外企业各洲分布情况

洲别	2022年末国家（地区）总数/个	境外企业覆盖的国家（地区）数量/个	覆盖率/%
亚洲	48	45	95.7
欧洲	49	43	87.8
非洲	60	52	86.7
北美洲	4	3	75.0
拉丁美洲	49	33	67.3
大洋洲	24	14	58.3
合计	**234**	**190**	**81.5**

注：1. 覆盖率为中国境外企业覆盖国家数量与国家（地区）总数的比率。
2. 亚洲国家（地区）数量包括中国，覆盖率计算基数未包括。

从境外企业的国家（地区）分布情况看，中国在亚洲设立的境外企业数量超2.7万家，占59.2%，主要分布在中国香港、新加坡、日本、越南、印度尼西亚、马来西亚、韩国、泰国、柬埔寨、老挝、印度、缅甸、阿拉伯联合酋长国等。在中国香港设立的境外企业超1.5万家，占中国境外企业总数的超三成，是中国设立境外企业数量最多、投资最活跃的地区。

在北美洲设立的境外企业超6000家，占13%，主要分布在美国和加拿大。中国企业在美国设立的境外企业数量仅次于中国香港。

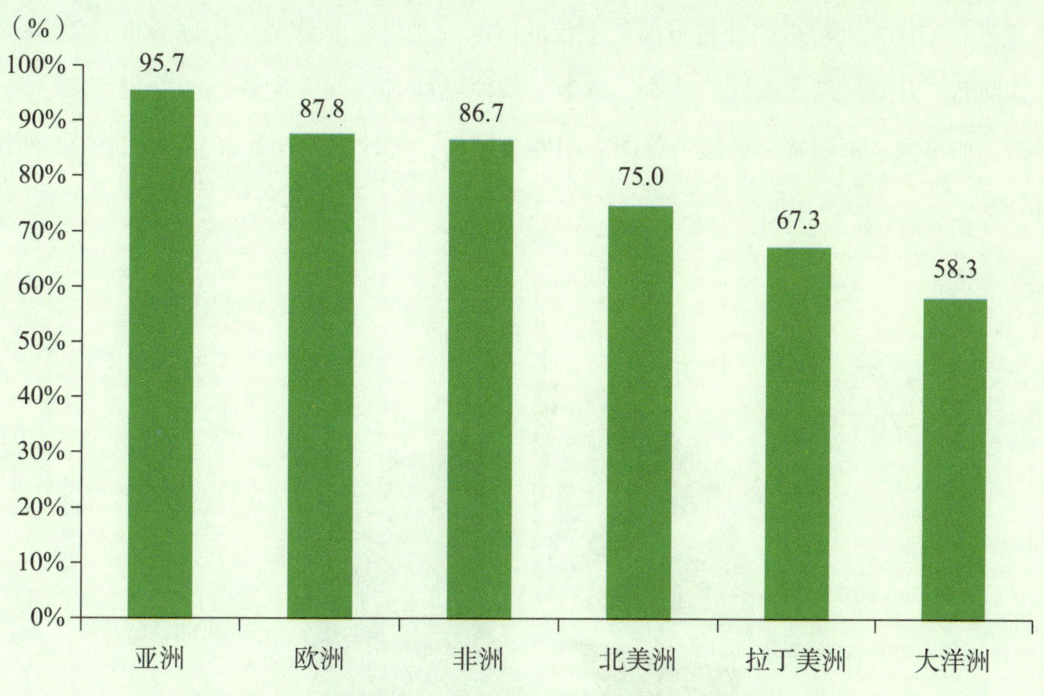

图 25　2022 年末中国境外企业在各洲覆盖比率

在欧洲设立的境外企业超 4700 家，占 10.2%，主要分布在德国、俄罗斯联邦、英国、荷兰、法国、意大利、卢森堡、西班牙等。

在拉丁美洲设立的境外企业近 3700 家，占 7.9%，主要分布在英属维尔京群岛、开曼群岛、巴西、墨西哥、秘鲁、智利、阿根廷、厄瓜多尔、玻利维亚等。

在非洲设立的境外企业超过 3300 家，占 7.1%，主要分布在埃塞俄比亚、赞比亚、尼日利亚、肯尼亚、坦桑尼亚、南非、加纳、安哥拉、乌干达等。

在大洋洲设立的境外企业超 1200 家，占 2.6%，主要分布在澳大利亚、新西兰、巴布亚新几内亚、萨摩亚、斐济等。

表 25　2022 年末中国境外企业各洲构成情况

洲别	境外企业数量/家	比重/%
亚　　洲	27 548	59.2
北 美 洲	6 064	13.0
欧　　洲	4 736	10.2
拉丁美洲	3 673	7.9
非　　洲	3 323	7.1
大 洋 洲	1 219	2.6
合　　计	**46 563**	**100.0**

2022年末，中国设立境外企业数量前二十位的国家（地区）依次为：中国香港、美国、新加坡、英属维尔京群岛、开曼群岛、德国、日本、越南、俄罗斯联邦、澳大利亚、印度尼西亚、马来西亚、韩国、泰国、加拿大、柬埔寨、老挝、英国、印度、缅甸，合计近3.6万家，占中国在境外设立企业总数的76.8%。

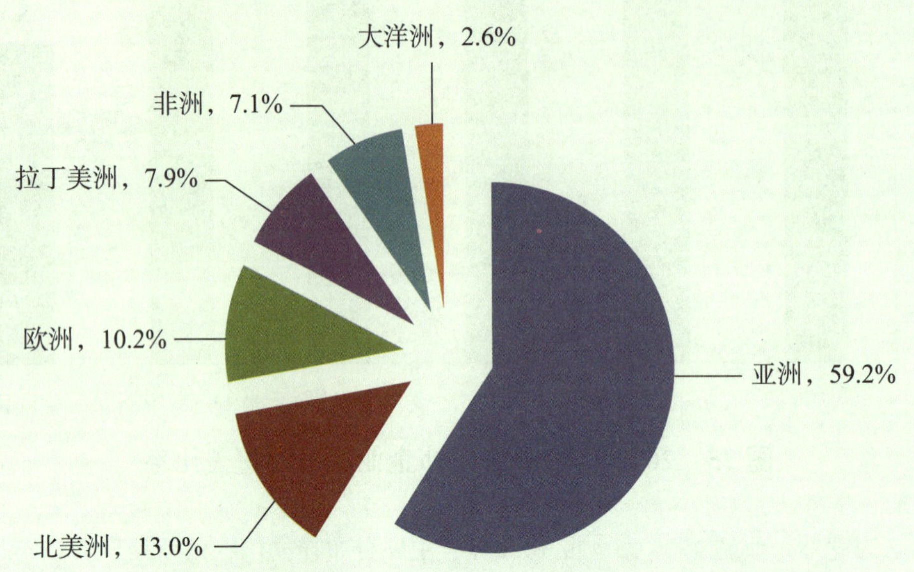

图26 2022年末中国境外企业各洲分布情况

（二）行业分布

从中国境外企业分布的主要行业情况看，批发和零售业、制造业、租赁和商务服务业依然是境外企业最为集中的行业，合计数量超过2.7万家，占境外企业总数59.2%。其中批发和零售业超1.2万家，占中国境外企业总数的27%；制造业8700余家，占18.7%；租赁和商务服务业超过6000家，占13.5%。此外，建筑业占8.3%；信息传输/软件和信息技术服务业占7.4%；科学研究和技术服务业占5.8%；农/林/牧/渔业占3.8%；交通运输/仓储和邮政业占3.1%；采矿业占2.8%；居民服务/修理和其他服务业占1.8%；电力/热力/燃气及水的生产和供应业占1.7%；金融业占1.7%。

表 26　2022 年末中国境外企业的行业分布情况

行业	境外企业数量/家	比重/%
批发和零售业	12 559	27.0
制造业	8 734	18.7
租赁和商务服务业	6 273	13.5
建筑业	3 860	8.3
信息传输/软件和信息技术服务业	3 451	7.4
科学研究和技术服务业	2 725	5.8
农/林/牧/渔业	1 762	3.8
交通运输/仓储和邮政业	1 467	3.1
采矿业	1 296	2.8
居民服务/修理和其他服务业	823	1.8
电力/热力/燃气及水的生产和供应业	788	1.7
金融业	801	1.7
房地产业	727	1.6
文化/体育和娱乐业	513	1.1
住宿和餐饮业	315	0.7
教育	212	0.5
水利/环境和公共设施管理业	148	0.3
卫生和社会工作	109	0.2
合计	**46 563**	**100.0**

（三）省市分布

2022 年末，境内投资者在境外设立非金融类企业近 4.6 万家，从境外非金融类企业的隶属情况看，地方企业占 86.8%，中央企业和单位占 13.2%。广东、浙江、上海、北京、江苏、山东、福建、天津、辽宁、云南位列地方境外企业数量前十，合计占境外企业总数的 70.8%。广东是拥有境外企业数量最多的省份，占境外企业总数的 18.5%；其次为浙江，占 10.5%；上海位列第三，占 10.4%。

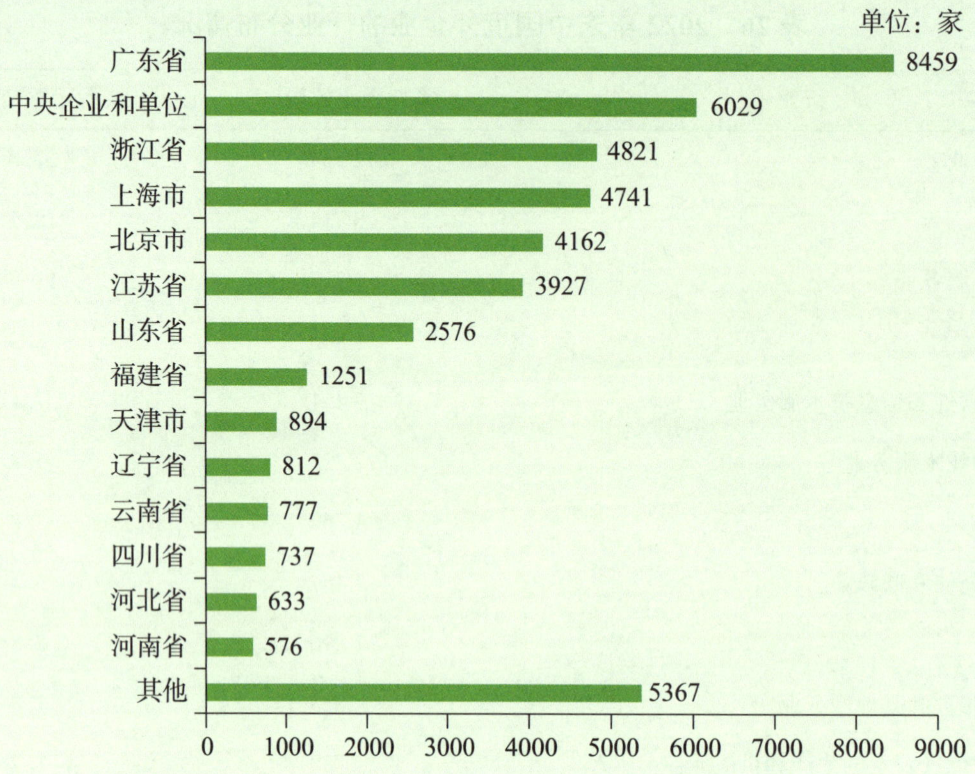

图 27　2022 年末中国主要省市区设立境外企业数量

六、附表

附表 1 2014—2022 各年中国对外直接投资流量情况（分国家/地区）

单位：万美元

国家（地区）	2014 年	2015 年	2016 年	2017 年	2018 年	2019 年	2020 年	2021 年	2022 年
合计	**12 311 986**	**14 566 715**	**19 614 943**	**15 828 830**	**14 303 731**	**13 690 756**	**15 371 026**	**17 881 932**	**16 312 100**
亚洲	**8 498 802**	**10 837 087**	**13 026 769**	**11 003 986**	**10 550 488**	**11 084 094**	**11 234 365**	**12 810 205**	**12 428 354**
阿富汗	2 792	−326	221	543	−16	2 408	254	−255	894
阿拉伯联合酋长国	70 534	126 868	−39 138	66 123	108 101	120 741	155 195	89 414	160 745
阿曼	1 516	1 095	462	1 273	5 191	−315	8 710	4 086	1 298
巴基斯坦	101 426	32 074	63 294	67 819	−19 873	56 216	94 766	72 739	56 337
巴勒斯坦	—	—	20	—	—	—	—	—	—
巴林	—	—	3 646	3 696	−235	−34	19	6 111	1
朝鲜	5 194	4 121	2 844	129	28	—	—	—	—
东帝汶	973	3 381	5 533	1 952	−1 032	−1 630	3 631	577	−428
菲律宾	22 495	−2 759	3 221	10 884	5 882	−429	13 043	15 286	27 089
哈萨克斯坦	−4 007	−251 027	48 770	207 047	11 835	78 649	−11 529	82 224	35 598
韩国	54 887	132 455	114 837	66 080	103 366	56 180	13 914	47 804	53 714
吉尔吉斯斯坦	10 783	15 155	15 874	12 370	10 016	21 566	25 246	7 643	1 006
柬埔寨	43 827	41 968	62 567	74 424	77 834	74 625	95 642	46 675	63 218
卡塔尔	3 579	14 085	9 613	−2 663	−36 810	2 932	9 467	11 682	−2 125
科威特	16 191	14 444	5 055	17 508	19 208	−10 052	12 221	3 788	11 461
老挝	102 690	51 721	32 758	121 995	124 179	114 908	145 430	128 232	25 343
黎巴嫩	9	—	—	—	—	—	—	—	—
马尔代夫	72	—	3 341	3 195	−155	694	−2 142	2 309	−335
马来西亚	52 134	48 891	182 996	172 214	166 270	110 954	137 441	133 625	160 639
蒙古国	50 261	−2 319	7 912	−2 789	−45 713	12 806	832	2 468	2 792
孟加拉国	2 502	3 119	4 080	9 903	54 365	37 549	45 060	24 071	32 170
缅甸	34 313	33 172	28 769	42 818	−19 724	−4 194	25 080	1 846	6 198
尼泊尔	4 504	7 888	−4 882	755	5 122	20 678	5 226	4 996	11 527
日本	39 445	24 042	34 401	44 405	46 841	67 378	48 683	76 214	39 648

附表 1　续 1

单位：万美元

国家（地区）	2014 年	2015 年	2016 年	2017 年	2018 年	2019 年	2020 年	2021 年	2022 年
塞浦路斯	—	176	525	60 341	11 390	8 242	9 466	3 228	409
沙特阿拉伯	18 430	40 479	2 390	-34 518	38 307	65 437	39 026	51 429	-16 148
斯里兰卡	8 511	1 747	-6 023	-2 527	783	9 280	9 817	16 611	-4 357
塔吉克斯坦	10 720	21 931	27 241	9 501	38 824	6 961	-26 402	23 743	41 875
泰国	83 946	40 724	112 169	105 759	73 729	137 191	188 288	148 601	127 180
土耳其	10 497	62 831	-9 612	19 091	35 282	2 883	39 126	22 544	75 029
土库曼斯坦	19 515	-31 457	-2 376	4 672	-3 830	-9 315	21 104	-1 760	953
文莱	-328	392	14 210	7 136	-1 509	-405	1 658	375	416
乌兹别克斯坦	18 059	12 789	17 887	-7 575	9 901	-44 583	-3 677	36 903	36 974
新加坡	281 363	1 045 248	317 186	631 990	641 126	482 567	592 335	840 504	829 538
叙利亚	955	-356	-69	53	-1	1 270	49	-12	-68
也门	596	-10 216	-41 315	2 725	1 045	-7 881	-292	-1 158	-401
伊拉克	8 286	1 231	-5 287	-881	773	88 709	41 458	17 818	32 476
伊朗	59 286	-54 966	39 037	-36 829	-56 733	-5 917	33 639	24 212	1 968
以色列	5 258	22 974	184 130	14 737	41 057	19 168	26 710	-47 014	27 986
印度	31 718	70 525	9 293	28 998	20 620	53 460	20 519	27 946	-33 120
印度尼西亚	127 198	145 057	146 088	168 225	186 482	222 308	219 835	437 251	454 960
约旦	674	158	613	1 516	8 562	3 093	-11 951	-2 022	5 045
越南	33 289	56 017	127 904	76 440	115 083	164 852	187 575	220 762	170 301
中国澳门	59 610	108 065	82 150	-102 447	81 067	59 445	82 684	88 192	212 752
中国台湾	18 370	26 712	1 175	22 621	6 933	10 693	22 622	21 186	24 199
中国香港	7 086 730	8 978 978	11 423 259	9 115 278	8 686 917	9 055 008	8 914 586	10 119 088	9 753 423
非洲	**320 193**	**297 792**	**239 873**	**410 500**	**538 911**	**270 442**	**422 560**	**498 664**	**181 183**
阿尔及利亚	66 571	21 057	-9 989	-14 053	17 865	-12 362	1 864	18 471	2 145
埃及	16 287	8 081	11 983	9 276	22 197	1 096	2 743	19 571	22 979
埃塞俄比亚	11 959	17 529	28 214	18 108	34 125	37 530	31 080	-9 039	-13 917
安哥拉	-44 857	5 774	16 449	63 755	27 034	38 324	12 536	12 349	-31 500
贝宁	744	1 476	997	133	480	-1 979	1 064	3 251	8 044
博茨瓦纳	5 295	8 608	10 620	-2 220	-486	682	2 655	-1 401	977
布基纳法索	445	—	20	—	—	126	35	528	280
布隆迪	345	206	239	-58	406	-190	622	861	297
赤道几内亚	3 313	-1 304	-2 491	7 111	380	-4 460	-4 912	22	-4 051
多哥	699	-173	238	1 143	-659	828	911	-490	859
厄立特里亚	129	991	6 842	-13	614	-57	4 461	3 773	14 700

附表 1 续 2

单位：万美元

国家（地区）	2014 年	2015 年	2016 年	2017 年	2018 年	2019 年	2020 年	2021 年	2022 年
佛得角	10	—	5	—	—	124	48	-41	30
冈比亚	5	—	228	232	1 443	-451	279	47	254
刚果（布）	23 860	15 008	4 913	28 417	-29 264	9 459	24 749	16 611	-8 110
刚果（金）	15 756	21 371	-7 892	34 024	64 301	93 096	61 151	104 575	39 111
吉布提	953	2 033	6 224	10 464	-8 106	2 664	-216	855	423
几内亚	6 770	-2 572	3 667	28 656	20 317	5 304	-29 512	48 717	3 911
几内亚比绍	172	224	61	623	257	—	-244	8	81
加纳	7 290	28 322	49 061	4 420	12 425	2 941	-671	12 775	8 853
加蓬	2 556	4 879	3 243	5 542	-6 954	1 666	778	-1 819	4 301
津巴布韦	10 118	4 675	4 295	-10 788	5 383	8 113	7 625	10 310	8 813
喀麦隆	2 974	2 467	11 423	8 799	14 179	-3 369	4 471	-2 344	-11 099
科摩罗	—	—	—	—	93	13	-5	-16	53
科特迪瓦	2 426	6 024	5 653	11 269	16 368	8 526	7 886	6 417	22 316
肯尼亚	27 839	28 181	2 967	41 010	23 204	1 037	62 962	34 822	-32 284
莱索托	46	8	—	—	—	—	1 165	1 045	557
利比里亚	4 011	9 818	1 114	3 982	1 435	1 120	3 346	678	1 216
利比亚	13	-4 106	-1 705	-17 640	2 823	-12 934	7 289	-1 322	-279
卢旺达	1 494	406	-919	988	4 542	1 701	-655	3 614	-1 446
马达加斯加	3 676	3 384	-655	7 120	5 560	-16	13 598	-962	-6 239
马拉维	340	5	240	4 307	146	-10 058	902	1 495	2 581
马里	2 339	-3 401	1 295	1 434	-8 404	1 849	1 804	1 622	5 319
毛里求斯	4 943	15 477	7 233	3 327	17 821	18 589	4 577	23 856	10 405
毛里塔尼亚	-733	216	10 879	3 807	2 323	-746	5 320	-1 229	2 714
摩洛哥	1 144	2 603	1 016	5 986	9 078	-9 516	12 814	3 322	158
莫桑比克	10 251	6 843	4 425	11 747	54 563	-4 670	4 328	-403	7 417
纳米比亚	802	1 785	2 168	2 009	-2 482	-110	171	807	898
南非	4 209	23 317	84 322	31 736	64 206	33 891	40 043	36 359	68 309
南苏丹	-682	1 308	203	1 221	-1 312	549	268	856	-216
尼日尔	-4 461	2 369	-2 356	5 084	11 544	17 836	23 514	28 252	56 706
尼日利亚	19 977	5 058	10 850	13 795	19 470	12 327	30 894	20 167	11 964
塞拉利昂	492	807	-180	1 627	394	76	-832	1 232	-2 278
塞内加尔	706	-794	1 985	6 541	8 393	-8 488	21 340	1 177	-21 122
塞舌尔	756	4 958	5 041	2 705	22 798	198	8 755	11 281	1 546
圣多美和普林西比	—	—	—	—	—	6	155	—	—

附表 1 续 3

单位：万美元

国家（地区）	2014 年	2015 年	2016 年	2017 年	2018 年	2019 年	2020 年	2021 年	2022 年
苏丹	17 407	3 171	-68 994	25 487	5 712	-7 078	283	9 429	-17 190
坦桑尼亚	16 661	22 632	9 457	13 246	17 747	11 558	10 757	10 174	5 173
突尼斯	71	564	-322	-82	596	1 996	-692	652	-556
乌干达	6 050	20 534	12 151	7 904	22 580	14 322	9 778	210	10 601
赞比亚	42 485	9 655	21 841	30 580	52 373	14 339	21 426	58 280	19 146
乍得	8 312	-1 712	-6 226	-2 305	6 777	4 981	9 839	9 350	-11 668
中非	18 224	30	40	42	4 632	56	14	-90	—
欧洲	**1 083 791**	**711 843**	**1 069 323**	**1 846 319**	**658 839**	**1 051 992**	**1 269 565**	**1 087 480**	**1 033 598**
阿尔巴尼亚	—	—	1	21	172	69	10	—	16
阿塞拜疆	1 683	136	-2 466	-20	-105	86	1 728	-64	943
爱尔兰	3 711	1 430	33 193	24 134	7 516	6 428	6 760	22 558	10 416
爱沙尼亚	—	—	—	12	5 322	202	—	—	-14
奥地利	4 371	10 432	19 172	41 219	13 814	3 239	7 481	19 539	-13 497
白俄罗斯	6 372	5 421	16 094	14 272	6 773	18 175	-815	4 241	-4 257
保加利亚	2 042	5 916	-1 503	8 887	-168	246	57	25	-594
北马其顿	—	-1	—	—	183	-1 338	-400	272	-975
比利时	15 328	2 346	2 835	3 034	563	5 985	7 603	11 160	1 695
冰岛	—	—	—	—	73	—	—	—	—
波黑	—	162	85	—	—	1 219	858	482	163
波兰	4 417	2 510	-2 411	-433	11 783	11 160	14 256	2 941	12 773
丹麦	5 723	-2 416	12 573	1 521	3 048	6 026	6 322	1 578	4 802
德国	143 892	40 963	238 058	271 585	146 799	145 901	137 560	271 113	197 864
俄罗斯联邦	63 356	296 086	129 307	154 842	72 524	-37 923	57 032	-107 230	23 362
法国	40 554	32 788	149 957	95 215	-7 502	8 722	14 779	-15 167	4 848
芬兰	1 042	3 868	3 667	2 347	14 104	3 404	4 066	6 518	4 769
格鲁吉亚	22 435	4 398	2 077	3 846	8 023	5 690	4 136	7 654	11 859
荷兰	102 997	1 346 284	116 972	-22 312	103 834	389 317	493 833	170 393	-104 980
黑山	—	—	—	1 665	1 272	2 266	6 725	5 909	-679
捷克	246	-1 741	185	7 295	11 302	6 053	5 279	-2 539	-1 302
克罗地亚	355	—	22	3 184	2 239	2 869	15 446	1 515	522
拉脱维亚	—	45	—	8	1 068	—	564	482	8
立陶宛	—	—	225	—	-447	—	33	20	212
列支敦士登	363	64	370	—	—	—	2 726	163	12
卢森堡	457 837	-1 145 317	160 188	135 340	248 733	68 587	70 095	149 932	325 036

附表 1 续 4

单位：万美元

国家（地区）	2014 年	2015 年	2016 年	2017 年	2018 年	2019 年	2020 年	2021 年	2022 年
罗马尼亚	4 225	6 332	1 588	1 586	157	8 411	1 310	513	1 159
马耳他	193	503	15 480	167	1 011	-118	89	282	-98
摩尔多瓦	—	—	—	—	—	—	—	30	1
挪威	5 860	-167 589	-85 123	-54 921	-4 168	-74 444	-18 719	79	107
葡萄牙	387	1 072	1 137	104	1 171	1 855	118	275	144
瑞典	13 001	31 719	12 768	129 026	106 395	191 571	192 999	128 077	185 090
瑞士	3 364	24 677	6 806	751 418	-321 206	67 825	107 455	182 084	13 368
塞尔维亚	1 169	763	3 079	7 921	15 341	3 360	13 931	20 576	15 939
斯洛伐克	4 566	—	—	68	1 462	-53	20	33	1
斯洛文尼亚	—	—	2 186	39	1 328	2 684	-13 294	304	-59
乌克兰	472	-76	192	475	2 745	5 332	2 106	-47	96
西班牙	9 235	14 967	12 541	5 879	53 768	11 491	10 295	7 917	7 188
希腊	—	-137	2 939	2 857	6 030	57	717	656	-137
匈牙利	3 402	2 320	5 746	6 559	9 495	12 315	-415	5 353	26 046
亚美尼亚	—	—	—	395	1 964	—	153	698	1 689
意大利	11 302	9 101	63 344	42 454	29 761	64 979	24 446	-1 202	27 755
英国	149 890	184 816	148 039	206 630	102 664	110 345	92 222	190 355	282 306
拉丁美洲	**1 054 739**	**1 261 036**	**2 722 705**	**1 407 659**	**1 460 847**	**639 407**	**1 665 651**	**2 615 851**	**1 634 515**
阿根廷	26 992	20 832	18 152	21 479	14 113	35 355	40 124	29 568	5 919
安提瓜和巴布达	—	—	40	—	36	—	—	—	—
巴巴多斯	-167	-28	1 441	1 610	256	-813	-6	22 371	-17 501
巴哈马	—	—	658	24	280	-132	—	-17	—
巴拉圭	—	—	—	—	84	-84	68	—	-129
巴拿马	481	2 382	3 738	5 774	12 724	331	11 788	23 988	21 930
巴西	73 000	-6 328	12 477	42 627	42 772	85 993	31 264	14 645	22 386
玻利维亚	2 453	3 432	5 538	-2 628	3 755	5 186	3 619	2 640	4 122
伯利兹	35	—	—	—	—	—	—	—	—
多米尼加	—	—	—	—	—	21	305	-195	216
多米尼克	—	—	—	—	—	—	—	—	79
厄瓜多尔	13 781	11 811	7 789	-13 110	3 268	-6 120	-211	6 137	1 680
哥伦比亚	18 310	370	-284	1 372	-8 101	1 919	85	-14 264	7 862
哥斯达黎加	-19	384	136	1 024	1 521	679	2 849	-60	-215
格林纳达	—	—	10	11	57	303	—	182	-137
古巴	-2 222	4 243	974	-650	3 323	-1 152	1 137	4 395	6 856
圭亚那	408	-389	651	2 251	2 859	-444	6 364	-1 038	-306

附表 1 续 5

单位：万美元

国家（地区）	2014 年	2015 年	2016 年	2017 年	2018 年	2019 年	2020 年	2021 年	2022 年
洪都拉斯	—	—	2 771	—	4 906	483	-1 092	299	—
开曼群岛	419 172	1 021 303	1 352 283	-660 596	547 312	-435 668	856 222	1 075 356	576 238
秘鲁	4 507	-17 776	6 737	9 826	8 481	35 200	32 170	45 446	20 782
墨西哥	14 057	-628	21 184	17 133	37 845	16 356	26 456	23 183	48 852
尼加拉瓜	101	55	101	1	13	293	-23	24	—
圣卢西亚	—	15	75	329	—	-58	—	—	—
圣文森特和格林纳丁斯	332	303	-253	337	122	—	—	-34	-318
苏里南	-1 690	2 009	343	5 253	-173	4 058	-121	-178	121
特立尼达和多巴哥	3 625	915	210	1 240	1 517	2 336	-1 047	471	602
危地马拉	63	—	—	—	—	-4	469	—	47
委内瑞拉	11 608	28 830	-9 986	27 448	32 807	-22 376	-44 600	-24 112	-4 105
乌拉圭	108	3 615	4 927	-1 422	3 573	189	324	1 872	919
牙买加	11 132	—	41 864	8 246	15 621	-11 247	-278	-916	538
英属安圭拉	—	100	584	—	90	-28	—	—	—
英属维尔京群岛	457 043	184 900	1 228 849	1 930 117	714 978	868 257	697 562	1 397 101	911 595
智利	1 629	685	21 696	9 963	16 806	60 572	2 226	8 988	26 482
北美洲	**920 766**	**1 071 848**	**2 035 096**	**649 827**	**872 383**	**436 713**	**634 312**	**658 090**	**727 119**
百慕大群岛	70 769	112 698	49 865	-24 805	-31 683	8 756	11 443	6 638	-16 765
加拿大	90 384	156 283	287 150	32 083	156 350	47 288	21 002	93 017	14 676
美国	759 613	802 867	1 698 081	642 549	747 717	380 668	601 867	558 435	729 208
大洋洲	**433 695**	**387 109**	**521 177**	**510 539**	**222 263**	**208 108**	**144 573**	**211 642**	**307 331**
澳大利亚	404 911	340 131	418 688	424 196	198 597	208 667	119 859	192 254	278 588
巴布亚新几内亚	3 037	4 177	-4 368	10 161	-7 904	-6 468	-15 370	-18 188	18 129
斐济	-3 716	1 240	4 461	1 706	1 623	1 746	2 280	3 716	-1 593
基里巴斯	—	—	—	—	—	1 542	1 805	2 906	2 794
库克群岛	-27	—	—	—	—	—	—	—	—
马绍尔群岛	—	-5 682	260	798	1 210	1 684	3 849	1 956	1 238
密克罗尼西亚联邦	339	355	—	-1 474	—	63	-68	62	67
瑙鲁	—	—	—	—	—	—	36	1 300	-154
帕劳	51	150	50	8	29	21	—	—	15
萨摩亚	3 484	9 586	10 924	12 840	1 236	-530	-13 473	3 243	-3 804
所罗门群岛	—	—	—	—	—	10	226	-347	152
汤加	10	98	35	112	5	21	71	1 752	-8
瓦努阿图	604	2 245	542	2 532	1 721	212	66	528	254
新西兰	25 002	34 809	90 585	59 661	25 746	1 140	45 292	22 461	11 654

附表 2 2014—2022 各年末中国对外直接投资存量情况（分国家/地区）

单位：万美元

国家（地区）	2014 年	2015 年	2016 年	2017 年	2018 年	2019 年	2020 年	2021 年	2022 年
合计	**88 264 242**	**109 786 459**	**135 739 045**	**180 903 652**	**198 226 585**	**219 888 069**	**258 065 844**	**278 514 971**	**275 481 407**
亚洲	**60 096 561**	**76 890 132**	**90 944 547**	**113 932 379**	**127 613 437**	**146 022 156**	**164 489 400**	**177 201 520**	**183 185 842**
阿富汗	51 849	41 993	44 050	40 364	40 444	41 894	43 284	43 500	44 772
阿拉伯联合酋长国	233 345	460 284	488 830	537 283	643 606	763 567	928 324	984 494	1 188 469
阿曼	18 972	20 077	8 663	9 904	15 068	11 634	23 698	28 530	26 760
巴基斯坦*	373 682	403 593	475 911	571 584	424 682	479 798	621 894	748 538	682 251
巴勒斯坦	4	4	23	4	4	—	—	—	—
巴林	376	387	3 736	7 437	7 196	7 074	7 094	13 469	13 078
朝鲜	61 157	62 500	67 915	60 653	56 601	46 228	47 955	45 204	43 798
东帝汶	1 578	10 028	14 794	17 417	16 668	8 085	12 918	10 140	9 528
菲律宾	75 994	71 105	71 893	81 960	83 002	66 409	76 713	88 390	111 283
哈萨克斯坦*	754 107	509 546	543 227	756 145	734 108	725 413	586 937	748 743	697 869
韩国*	277 157	369 804	423 724	598 347	671 011	667 340	705 473	660 150	667 415
吉尔吉斯斯坦	98 419	107 059	123 782	129 938	139 308	155 003	176 733	153 142	153 701
柬埔寨	322 228	367 586	436 858	544 873	597 368	646 370	703 852	696 559	744 411
卡塔尔*	35 387	44 993	102 565	110 549	43 598	45 892	61 851	78 946	94 391
科威特	34 591	54 362	57 810	93 623	109 184	83 451	84 923	85 356	104 300
老挝*	449 099	484 171	550 014	665 495	830 976	824 959	1 020 142	993 974	957 837
黎巴嫩	378	378	301	201	222	222	222	44	44
马尔代夫	237	237	3 578	6 743	7 477	8 247	4 398	7 204	6 335
马来西亚	178 563	223 137	363 396	491 470	838 724	792 369	1 021 184	1 035 515	1 205 046
蒙古国*	376 246	376 006	383 859	362 280	336 507	343 054	323 610	156 952	148 705
孟加拉国*	16 024	18 843	22 517	32 907	87 023	124 830	171 058	220 448	299 466
缅甸	392 557	425 873	462 042	552 453	468 006	413 445	380 904	398 821	397 252
尼泊尔*	13 834	29 193	24 705	22 762	37 919	53 866	43 470	46 335	43 553
日本	254 703	303 820	318 401	319 734	349 052	409 805	419 672	488 287	507 519
塞浦路斯	10 717	10 915	11 005	71 869	84 543	106 147	20 274	13 124	13 546
沙特阿拉伯*	198 743	243 439	260 729	203 827	259 456	252 773	293 091	352 419	300 796
斯里兰卡	36 391	77 251	72 891	72 835	46 893	55 147	52 342	63 976	52 862
塔吉克斯坦	72 896	90 909	116 703	161 609	194 483	194 608	156 801	162 722	189 289
泰国*	307 947	344 012	453 348	535 847	594 670	718 585	882 555	991 721	1 056 778
土耳其	88 181	132 884	106 138	130 135	173 368	186 786	215 187	192 136	300 356

附表 2 续 1

单位：万美元

国家（地区）	2014 年	2015 年	2016 年	2017 年	2018 年	2019 年	2020 年	2021 年	2022 年
土库曼斯坦	44 760	13 304	24 908	34 272	31 193	22 656	33 647	29 417	22 524
文莱	6 955	7 352	20 377	22 067	22 045	42 696	38 812	9 628	10 385
乌兹别克斯坦*	39 209	88 204	105 771	94 607	368 988	324 621	326 464	280 772	450 813
新加坡*	2 063 995	3 198 491	3 344 564	4 456 809	5 009 383	5 263 656	5 985 785	6 720 228	7 344 991
叙利亚	1 455	1 100	1 031	1 031	87	1 357	1 406	1 392	1 324
也门	55 507	45 330	3 921	61 255	62 300	54 419	54 127	52 969	52 546
伊拉克	37 584	38 812	55 781	41 437	59 854	137 752	173 789	194 183	250 737
伊朗	348 415	294 919	333 081	362 350	323 429	305 562	352 724	341 997	339 360
以色列*	8 665	31 718	422 988	414 869	461 998	377 502	386 913	344 770	338 502
印度	340 721	377 047	310 751	474 733	466 280	361 009	318 331	351 889	348 339
印度尼西亚	679 350	812 514	954 554	1 053 880	1 281 128	1 513 255	1 793 883	2 008 048	2 472 206
约旦	3 098	3 255	3 949	6 440	14 198	31 173	20 372	18 359	22 927
越南*	286 565	337 356	498 363	496 536	560 543	707 371	857 456	1 085 211	1 166 072
中国澳门*	393 074	573 912	678 339	968 029	886 578	985 168	1 053 234	1 123 624	1 268 642
中国台湾*	59 862	96 905	98 272	127 247	135 157	125 440	152 809	164 433	167 679
中国香港*	50 991 983	65 685 524	78 074 489	98 126 568	110 039 108	127 535 518	143 853 092	154 965 764	158 867 384
非洲	**3 235 006**	**3 469 440**	**3 987 747**	**4 329 650**	**4 610 353**	**4 439 022**	**4 339 920**	**4 418 621**	**4 090 118**
阿尔及利亚*	245 157	253 155	255 248	183 366	206 286	177 535	164 352	171 602	162 192
埃及*	65 711	66 315	88 891	83 484	107 926	108 580	119 172	127 344	120 337
埃塞俄比亚	91 462	113 013	200 065	197 556	256 816	255 887	299 280	281 090	262 032
安哥拉*	121 404	126 829	163 321	226 016	229 919	289 073	269 009	271 009	194 617
贝宁	6 917	8 731	10 251	10 437	10 399	9 144	7 546	8 471	16 862
博茨瓦纳	26 213	32 108	43 750	29 687	25 816	18 628	19 043	15 352	14 343
布基纳法索	878	—	20	20	20	149	171	705	664
布隆迪	1 324	1 237	1 242	1 029	1 252	820	1 052	1 691	1 959
赤道几内亚	20 820	23 163	23 659	39 597	55 285	40 413	33 601	28 065	23 515
多哥	13 581	12 882	11 857	11 285	10 207	10 116	9 945	6 728	5 599
厄立特里亚	10 671	11 941	37 845	21 655	22 394	22 329	19 986	20 817	32 043
佛得角	1 518	1 518	1 523	1 463	1 463	234	282	131	162
冈比亚	124	124	384	536	2 479	1 390	1 903	1 938	1 997
刚果（布）*	98 876	108 867	78 291	112 606	79 510	60 984	113 088	96 709	39 522
刚果（金）*	216 867	323 935	351 498	388 411	444 446	559 660	368 813	425 936	412 983
吉布提	4 008	6 046	12 540	23 286	17 849	12 526	9 883	8 243	8 582
几内亚	41 907	38 272	41 774	67 545	74 244	76 326	47 282	95 933	104 504

附表 2　续 2

单位：万美元

国家（地区）	2014 年	2015 年	2016 年	2017 年	2018 年	2019 年	2020 年	2021 年	2022 年
几内亚（比绍）	6 682	6 906	7 016	7 639	6 521	2 671	2 427	2 425	2 506
加纳*	105 669	127 449	195 827	157 536	179 747	183 129	158 403	109 354	105 826
加蓬*	18 041	24 442	25 683	38 535	25 866	25 221	25 919	21 831	15 216
津巴布韦*	169 558	179 892	183 900	174 834	176 625	177 148	179 580	170 751	160 485
喀麦隆	17 784	20 734	36 674	42 436	49 921	30 390	44 274	43 355	38 968
科摩罗	454	453	453	453	545	183	118	104	133
科特迪瓦*	6 429	12 678	17 966	30 368	44 154	56 434	66 685	79 319	80 851
肯尼亚	85 371	109 904	110 270	154 345	175 588	162 423	215 430	225 981	178 242
莱索托	1 107	1 115	663	653	653	593	1 758	1 451	937
利比里亚	22 965	28 899	29 730	31 963	26 039	16 765	16 888	16 278	15 578
利比亚	10 894	10 577	21 112	36 675	42 568	29 943	15 537	13 879	8 754
卢旺达	11 072	12 357	8 936	9 925	14 682	16 751	17 080	20 310	18 188
马达加斯加	35 261	34 770	29 763	76 630	80 335	27 291	39 074	32 287	28 194
马拉维	25 762	25 815	25 905	29 112	29 210	16 145	17 316	17 672	19 659
马里	34 286	30 733	32 001	39 486	30 147	30 500	30 821	43 861	47 803
毛里求斯*	57 971	109 658	117 620	96 087	99 766	129 168	88 671	105 882	151 566
毛里塔尼亚	10 095	10 583	19 336	23 585	23 261	18 140	18 295	14 277	18 375
摩洛哥	11 444	15 629	16 270	31 821	38 229	30 329	38 347	34 920	28 270
莫桑比克*	65 386	72 452	78 226	87 291	141 017	114 675	131 749	126 360	118 035
纳米比亚	98 184	38 044	45 357	48 047	42 615	36 359	35 489	22 051	17 692
南非*	595 402	472 297	650 084	747 277	653 168	614 657	541 722	529 417	574 169
南苏丹	1 926	3 598	3 703	4 768	3 569	2 688	2 560	8 072	5 674
尼日尔	19 808	56 544	52 530	66 565	75 840	95 671	117 662	142 390	185 356
尼日利亚*	232 301	237 676	254 168	286 153	245 349	219 400	236 754	269 579	232 399
塞拉利昂	14 774	19 630	18 882	18 422	16 806	16 532	13 417	10 644	8 750
塞内加尔	13 001	12 602	14 959	21 430	31 465	23 424	42 676	43 885	17 681
塞舌尔	11 440	16 011	24 665	23 127	45 191	41 405	43 951	49 269	48 614
圣多美和普林西比	38	38	38	38	38	44	199	69	51
苏丹	174 712	180 936	110 434	120 156	132 507	120 309	112 030	111 552	88 595
坦桑尼亚*	88 518	113 887	119 199	128 030	130 275	133 554	154 100	157 707	144 082
突尼斯	1 456	2 084	1 630	1 508	2 153	3 662	2 909	3 347	2 620
乌干达	46 410	72 215	100 647	57 594	79 817	66 994	71 196	63 312	69 244
赞比亚*	227 199	233 802	268 716	296 344	352 302	286 379	305 500	302 957	197 957

附表 2 续 3

单位：万美元

国家（地区）	2014 年	2015 年	2016 年	2017 年	2018 年	2019 年	2020 年	2021 年	2022 年
乍得	40 461	42 272	39 664	41 225	59 259	64 852	65 481	61 132	56 776
中非	5 708	4 622	3 561	1 612	8 813	1 398	1 499	1 174	958
欧洲	**6 939 987**	**8 367 897**	**8 720 192**	**11 085 468**	**11 279 692**	**11 438 386**	**12 243 189**	**13 479 438**	**14 107 293**
阿尔巴尼亚	703	695	727	478	642	711	600	485	66
阿塞拜疆	5 521	6 370	2 842	2 799	918	780	2 506	2 103	2 892
爱尔兰*	24 972	24 832	57 377	88 263	97 277	107 401	151 794	174 577	167 618
爱沙尼亚	350	350	350	362	5 684	6 333	532	532	518
奥地利	20 170	32 799	53 051	85 149	46 163	49 218	67 523	72 006	52 392
白俄罗斯*	25 752	47 589	49 793	54 841	50 378	65 180	60 728	64 605	74 759
保加利亚	17 027	23 597	16 607	25 046	17 109	15 681	15 584	15 131	14 214
北马其顿	211	211	210	203	3 630	2 109	1 710	1 793	1 633
比利时*	49 347	51 953	54 403	47 923	32 641	47 095	50 063	48 820	41 415
冰岛	—	110	110	1 400	1 473	1 473	1 473	1 473	2
波黑	613	775	860	434	434	1 670	2 286	2 122	4 046
波兰	32 935	35 211	32 132	40 552	52 373	55 559	68 231	53 576	64 510
丹麦	20 815	8 217	22 611	22 883	24 653	29 485	35 354	25 393	31 908
德国	578 550	588 176	784 175	1 216 320	1 368 861	1 423 399	1 454 958	1 669 749	1 855 056
俄罗斯联邦*	869 463	1 401 963	1 297 951	1 387 160	1 420 822	1 280 397	1 207 089	1 064 411	990 155
法国	844 488	572 355	511 617	570 271	659 879	595 434	486 095	486 390	481 426
芬兰	5 899	9 507	21 170	21 307	32 754	34 038	30 662	45 296	72 141
格鲁吉亚	54 564	53 375	55 023	56 817	63 970	67 092	70 167	79 229	85 361
荷兰*	419 408	2 006 713	2 058 774	1 852 900	1 942 899	2 385 482	2 604 129	2 848 751	2 830 170
黑山	32	32	443	3 945	6 286	8 509	15 308	20 601	8 438
捷克*	24 269	22 431	22 777	16 490	27 923	28 749	119 843	52 682	31 917
克罗地亚	1 187	1 182	1 199	3 908	6 908	9 840	25 264	24 553	24 248
拉脱维亚	54	94	94	102	1 170	1 163	1 681	2 112	2 064
立陶宛	1 248	1 248	1 529	1 713	1 289	981	1 223	729	923
列支敦士登	1 240	1 304	1 674	1 616	434	434	3 516	2 654	3 388
卢森堡*	1 566 677	773 988	877 660	1 393 615	1 538 870	1 390 221	1 599 545	1 813 068	2 055 460
罗马尼亚	19 137	36 480	39 150	31 007	30 462	42 827	31 316	22 011	22 022
马耳他	542	1 045	16 364	16 498	23 049	22 932	17 253	3 258	3 140
摩尔多瓦	387	211	387	387	387	387	387	417	241
挪威	522 350	347 129	264 197	208 345	199 770	124 693	104 258	2 718	1 931
葡萄牙	6 069	7 142	8 774	11 023	10 593	5 857	4 578	2 921	2 503
瑞典	301 292	338 196	355 368	730 742	689 681	857 869	1 060 149	1 703 204	1 867 481

附表 2　续 4

单位：万美元

国家（地区）	2014 年	2015 年	2016 年	2017 年	2018 年	2019 年	2020 年	2021 年	2022 年
瑞士*	38 766	60 415	57 621	811 173	500 037	566 284	675 961	694 956	826 909
塞尔维亚	2 971	4 979	8 268	17 002	27 141	16 473	31 057	48 229	55 746
斯洛伐克	12 779	12 779	8 277	8 345	9 929	8 274	8 287	441	433
斯洛文尼亚*	500	500	2 686	2 725	4 009	18 960	4 680	5 018	47 349
乌克兰	6 341	6 890	6 671	6 265	9 048	15 803	19 034	13 693	8 036
西班牙	42 453	60 801	73 647	69 263	106 014	111 057	110 950	113 652	118 581
希腊	12 085	11 948	4 808	18 222	24 247	23 102	12 629	13 295	12 522
匈牙利	55 635	57 111	31 370	32 786	32 069	42 736	34 187	38 232	58 066
亚美尼亚	751	751	751	2 996	4 961	1 289	1 225	2 702	3 096
意大利*	71 969	93 197	155 484	190 379	214 535	257 017	284 781	341 316	247 626
英国*	1 280 465	1 663 246	1 761 210	2 031 817	1 988 323	1 714 390	1 764 592	1 900 531	1 934 889
拉丁美洲	**10 611 114**	**12 631 893**	**20 715 257**	**38 689 230**	**40 677 193**	**43 604 697**	**62 981 025**	**69 374 017**	**59 615 291**
阿根廷*	179 152	194 892	194 366	153 954	158 297	180 841	199 266	214 114	213 449
安提瓜和巴布达	630	630	670	670	580	544	383	383	325
巴巴多斯	330	289	8 772	11 730	20 073	5 911	5 915	35 460	16 078
巴哈马	60	60	16 060	16 063	16 469	16 202	16 212	154 651	159 089
巴拉圭	4 791	4 791	4 791	4 606	84	—	68	369	240
巴拿马	20 493	22 815	26 885	35 878	50 611	54 999	67 652	100 199	116 285
巴西*	283 289	225 712	296 251	320 554	381 245	443 478	320 506	300 771	340 999
玻利维亚	13 217	31 746	37 068	41 349	35 150	47 227	28 796	30 751	23 024
伯利兹*	70	70	70	—	—	—	—	44 792	14 047
多米尼加	101	101	101	1	1	25	330	135	692
多米尼克	315	315	315	315	315	315	315	315	379
厄瓜多尔*	94 460	105 635	118 012	103 244	124 052	64 772	60 141	47 036	41 847
哥伦比亚	54 730	55 443	36 245	35 787	28 410	30 710	42 851	10 881	24 426
哥斯达黎加	398	782	820	2 602	4 267	3 501	6 590	3 575	1 220
格林纳达	2 367	2 367	2 377	2 507	2 389	2 712	2 712	2 262	1 979
古巴	6 255	12 062	13 150	11 500	14 911	11 800	13 986	18 018	24 815
圭亚那	24 757	25 601	25 668	11 069	19 886	19 344	25 734	26 557	23 154
洪都拉斯	—	—	2 771	116	5 022	1 562	469	666	381
开曼群岛*	4 423 672	6 240 408	10 420 893	24 968 219	25 922 371	27 614 506	45 702 699	22 952 507	21 150 887
秘鲁	90 798	70 549	75 978	83 943	94 150	139 894	170 511	218 137	230 953
墨西哥	54 121	52 476	57 860	89 802	110 688	116 108	116 695	130 216	168 391
尼加拉瓜	318	367	467	314	327	617	592	616	600

附表2 续5

单位：万美元

国家（地区）	2014年	2015年	2016年	2017年	2018年	2019年	2020年	2021年	2022年
萨尔瓦多	1	1	1	1	—	—	—	—	—
圣卢西亚	—	15	144	473	473	415	415	415	415
圣文森特和格林纳丁斯	3 900	4 204	3 952	4 288	4 374	4 321	4 029	3 994	3 676
苏里南*	9 393	11 352	12 508	16 439	9 940	13 269	9 208	3 775	8 178
特立尼达和多巴哥	102 531	60 463	60 666	62 177	63 709	66 046	63 353	11 251	9 198
危地马拉	99	99	112	74	74	10	478	1	47
委内瑞拉*	249 323	280 029	274 171	320 725	350 123	343 130	296 104	58 772	46 851
乌拉圭	21 081	18 273	22 559	19 868	27 120	22 937	18 513	21 787	22 924
牙买加	18 837	22 568	83 919	111 412	118 740	92 165	113 058	108 089	106 574
英属安圭拉	—	100	684	719	2 293	2 265	2 265	2 265	2 265
英属维尔京群岛*	4 932 041	5 167 214	8 876 589	12 206 075	13 049 678	14 187 884	15 564 495	44 747 734	36 728 119
智利	19 583	20 464	40 362	52 757	61 370	117 189	126 683	123 524	133 781
北美洲	**4 795 149**	**5 217 926**	**7 547 246**	**8 690 597**	**9 634 833**	**10 022 553**	**10 001 633**	**10 022 580**	**10 348 722**
百慕大群岛*	215 144	286 106	216 649	858 811	831 832	833 657	748 348	926 029	1 100 933
加拿大*	778 908	851 625	1 272 599	1 093 686	1 252 272	1 409 147	1 248 513	1 379 315	1 330 599
美国*	3 801 097	4 080 195	6 057 998	6 738 100	7 550 729	7 779 750	8 004 771	7 717 236	7 917 190
大洋洲	**2 586 425**	**3 209 171**	**3 824 056**	**4 176 327**	**4 411 078**	**4 361 255**	**4 010 677**	**4 018 796**	**4 134 142**
澳大利亚*	2 388 226	2 837 385	3 335 056	3 617 531	3 837 868	3 806 838	3 443 936	3 443 047	3 578 829
巴布亚新几内亚	46 002	191 183	186 988	210 121	203 909	192 336	178 500	155 666	167 704
斐济*	11 998	9 792	14 850	15 670	17 402	19 547	18 252	14 322	17 297
基里巴斯	82	293	293	293	293	1 835	3 639	6 594	9 339
库克群岛	7	7	7	7	7	7	7	7	7
马绍尔群岛	11 687	6 005	6 541	6 068	7 605	9 682	16 486	18 007	18 931
密克罗尼西亚	1 162	1 517	3 466	1 954	1 549	1 506	1 348	1 323	1 801
瑙鲁*	—	—	—	—	—	10	46	3 500	1 569
帕劳	1 010	1 160	1 210	1 218	1 211	1 881	1 853	1 850	1 837
萨摩亚*	22 308	30 691	54 685	62 755	68 374	68 381	45 030	49 289	59 769
所罗门群岛*	—	—	—	—	—	10	686	338	185
汤加*	721	819	844	956	892	1 001	1 193	2 941	1 055
瓦努阿图*	6 981	9 447	9 869	10 576	12 847	12 247	12 917	9 042	6 779
新西兰*	96 241	120 872	210 247	249 180	259 120	245 973	286 784	312 871	269 040

注："*"表示该国家（地区）2022年末存量数据中包含对以往历史数据进行调整。

附表 3　2014—2022 各年中国对外直接投资流量行业分布情况

单位：万美元

	行业分类	2014 年	2015 年	2016 年	2017 年	2018 年	2019 年	2020 年	2021 年	2022 年
A	农/林/牧/渔业	203 543	257 208	328 715	250 769	256 258	243 920	107 864	93 075	51 171
B	采矿业	1 654 939	1 125 261	193 020	-370 152	462 794	512 823	613 126	841 498	1 510 082
C	制造业	958 360	1 998 629	2 904 872	2 950 737	1 910 768	2 024 181	2 583 821	2 686 673	2 715 370
D	电力/热力/燃气及水的生产和供应业	176 463	213 507	353 599	234 401	470 246	386 872	577 031	438 908	544 673
E	建筑业	339 600	373 501	439 248	652 772	361 848	377 984	809 455	461 908	144 150
F	批发和零售业	1 829 071	1 921 785	2 089 417	2 631 102	1 223 791	1 947 108	2 299 764	2 815 201	2 116 908
G	交通运输/仓储和邮政业	417 472	272 682	167 881	546 792	516 057	387 962	623 320	1 222 621	1 503 813
H	住宿和餐饮业	24 474	72 319	162 549	-18 509	135 396	60 398	11 841	26 933	1 398
I	信息传输/软件和信息技术服务业	316 965	682 037	1 866 022	443 024	563 187	547 794	918 718	513 591	169 329
J	金融业	1 591 782	2 424 553	1 491 809	1 878 544	2 171 720	1 994 929	1 966 318	2 679 879	2 212 554
K	房地产业	660 457	778 656	1 524 674	679 506	306 600	341 839	518 603	409 785	220 654
L	租赁和商务服务业	3 683 060	3 625 788	6 578 157	5 427 321	5 077 813	4 187 508	3 872 562	4 935 732	4 347 973
M	科学研究和技术服务业	166 879	334 540	423 806	239 065	380 199	343 163	373 465	507 213	481 719
N	水利/环境和公共设施管理业	55 139	136 773	84 705	21 892	17 863	26 988	15 671	22 494	18 270
O	居民服务/修理和其他服务业	165 175	159 948	542 429	186 526	222 822	167 338	216 078	180 948	67 915
P	教育	1 355	6 229	28 452	13 372	57 302	64 880	13 004	2 825	24 093
Q	卫生和社会工作	15 338	8 387	48 719	35 267	52 480	22 717	63 767	33 877	28 626
R	文化/体育和娱乐业	51 915	174 751	386 869	26 401	116 586	52 352	-213 383	8 773	153 403
S	公共管理/社会保障和社会组织	—	160	—	—	—	—	—	—	—
	合计	**12 311 986**	**14 566 715**	**19 614 943**	**15 828 830**	**14 303 731**	**13 690 756**	**15 371 026**	**17 881 932**	**16 312 100**

附表4　2014—2022各年末中国对外直接投资存量行业分布情况

单位：万美元

	行业分类	2014年	2015年	2016年	2017年	2018年	2019年	2020年	2021年	2022年
A	农/林/牧/渔业	969 179	1 147 580	1 488 502	1 656 194	1 877 318	1 966 892	1 943 495	1 881 576	1 870 758
B	采矿业*	12 372 524	14 238 131	15 236 959	15 767 026	17 348 081	17 539 839	17 587 884	18 150 765	21 012 660
C	制造业*	5 235 194	7 852 826	10 811 271	14 030 075	18 230 588	20 013 570	27 786 853	26 326 333	26 800 418
D	电力/热力/燃气及水的生产和供应业	1 504 089	1 566 310	2 282 141	2 499 090	3 369 471	3 306 117	4 237 947	5 049 240	5 480 235
E	建筑业*	2 258 325	2 712 412	3 241 975	3 770 399	4 163 229	4 223 027	5 079 699	5 507 313	5 119 943
F	批发和零售业*	10 295 680	12 194 086	16 916 820	22 642 713	23 269 268	29 553 871	34 531 558	36 958 161	36 159 321
G	交通运输/仓储和邮政业*	3 468 163	3 990 552	4 142 202	5 476 795	6 650 033	7 653 356	8 077 558	9 172 268	9 684 013
H	住宿和餐饮业*	130 704	223 334	419 407	351 305	440 434	492 025	492 646	491 036	383 212
I	信息传输/软件和信息技术服务业*	1 232 599	2 092 752	6 480 151	21 889 737	19 357 456	20 220 605	29 791 382	16 022 746	13 849 128
J	金融业*	13 762 485	15 966 010	17 734 245	20 279 304	21 789 544	25 453 442	27 006 173	30 035 025	30 390 595
K	房地产业*	2 464 903	3 349 305	4 610 471	5 375 505	5 734 096	7 761 139	8 140 791	9 291 631	8 802 764
L	租赁和商务服务业*	32 244 392	40 956 771	47 399 432	61 577 349	67 546 458	73 408 168	83 164 214	111 523 784	107 373 450
M	科学研究和技术服务业*	1 087 324	1 443 083	1 972 019	2 168 399	4 424 564	4 600 991	6 057 966	4 507 518	4 455 413
N	水利/环境和公共设施管理业	133 365	254 191	357 469	238 996	313 108	330 060	357 106	285 419	291 224
O	居民服务/修理和其他服务业*	904 271	1 427 660	1 690 188	1 901 733	1 671 529	1 360 344	1 354 133	1 460 781	1 414 860
P	教育*	18 464	28 662	72 372	328 616	476 111	429 261	790 280	273 111	938 188
Q	卫生和社会工作	23 060	17 536	92 137	138 880	299 697	312 691	396 516	376 709	334 214
R	文化/体育和娱乐业*	159 522	325 098	791 284	811 536	1 265 599	1 262 671	1 269 642	1 201 556	1 121 011
S	公共管理/社会保障和社会组织	—	160	—	—	—	—	—	—	—
	合计	88 264 242	109 786 459	135 739 045	180 903 652	198 226 585	219 888 069	258 065 844	278 514 971	275 481 407

注：带*行数据表示2022年末存量中包含对以往历史数据进行调整。

附表 5　2014—2022 各年中国对外非金融类直接投资流量情况（分省市区）

单位：万美元

省、市、自治区	2014 年	2015 年	2016 年	2017 年	2018 年	2019 年	2020 年	2021 年	2022 年
一、中央合计	**5 247 617**	**2 781 752**	**3 071 936**	**5 327 185**	**2 305 691**	**2 721 380**	**4 919 523**	**6 429 102**	**5 494 378**
二、地方合计	**5 472 587**	**9 360 410**	**15 051 198**	**8 623 101**	**9 826 320**	**8 974 446**	**8 485 185**	**8 772 952**	**8 605 168**
北京市	727 353	1 228 033	1 557 362	665 126	647 042	826 601	598 518	704 790	599 877
天津市	414 637	252 654	1 794 146	230 502	337 348	440 313	154 478	231 906	330 615
河北省	121 865	94 030	301 285	165 276	160 555	194 196	125 140	275 159	276 102
山西省	30 491	18 611	56 957	37 072	52 242	6 333	7 027	28 938	19 429
内蒙古自治区	110 969	40 447	175 210	54 879	88 314	46 469	23 874	17 982	169 189
辽宁省	147 902	212 204	186 291	117 182	172 240	60 153	46 474	120 585	61 767
其中：大连市	57 481	134 920	105 469	44 146	130 412	7 596	−6 613	24 315	22 526
吉林省	33 310	65 823	20 525	22 698	3 850	7 993	8 957	9 635	11 218
黑龙江省	65 531	42 388	118 259	51 382	47 751	58 145	6 050	8 054	4 291
上海市	499 225	2 318 288	2 396 772	1 299 029	1 532 935	1 049 232	1 255 140	1 322 120	1 066 128
江苏省	406 983	725 000	1 220 196	435 784	609 713	511 520	613 916	906 386	576 266
浙江省	386 170	710 816	1 231 398	1 066 004	1 228 122	895 157	1 074 389	1 337 483	1 528 419
其中：宁波市	103 663	251 456	569 627	146 771	348 909	157 056	274 514	260 693	362 187
安徽省	38 029	206 747	103 181	186 239	237 073	114 417	146 474	283 889	159 778
福建省	105 064	275 743	411 919	282 522	453 829	289 612	333 924	403 703	207 037
其中：厦门市	26 523	99 523	186 768	109 178	201 662	53 897	88 470	140 809	63 473
江西省	73 853	100 457	96 962	59 762	79 915	206 641	143 677	124 273	280 370
山东省	391 590	710 983	1 302 379	787 518	669 061	1 023 964	610 241	501 865	646 432
其中：青岛市	121 749	127 774	524 943	128 767	259 383	162 725	−153 799	163 805	149 563
河南省	54 692	131 284	412 543	182 337	385 761	274 860	115 013	142 499	175 992
湖北省	67 161	63 596	131 896	132 030	108 079	155 105	62 194	194 723	162 084
湖南省	78 449	112 370	209 601	163 789	150 664	153 922	218 785	228 159	140 821
广东省	1 089 671	1 226 250	2 296 230	1 177 199	1 606 089	1 669 904	2 353 187	1 417 429	1 166 766
其中：深圳市	598 933	645 920	1 168 393	656 778	1 054 653	935 930	1 276 261	871 626	583 976
广西壮族自治区	22 864	45 091	143 087	63 666	127 281	27 958	39 104	16 444	43 048
海南省	88 708	120 119	47 966	314 964	337 533	255 680	19 910	79 881	256 909
重庆市	76 676	149 638	181 496	502 827	133 028	151 369	125 019	40 979	−5 831
四川省	138 223	118 730	141 201	176 569	217 737	156 998	187 504	152 203	316 440
贵州省	8 764	6 539	7 467	3 658	8 158	1 434	1 548	32 095	104 873
云南省	126 195	94 648	156 211	147 382	120 127	89 462	73 030	100 934	116 891
西藏自治区	385	29 681	2 314	22 777	46 569	21 769	3 628	38 079	25 230
陕西省	41 411	62 408	79 687	126 055	65 714	55 475	70 935	24 510	68 197
甘肃省	27 321	12 293	77 049	48 403	59 084	24 798	8 659	9 423	28 740
青海省	1 601	7 826	8 164	1 133	2 286	5 031	8 242	−16 891	1 354
宁夏回族自治区	33 883	108 959	57 750	9 723	44 870	54 688	9 888	9 704	5 107
新疆维吾尔自治区	54 832	61 077	117 150	78 481	82 097	137 144	39 038	22 959	44 311
新疆生产建设兵团	8 780	7 679	8 544	11 131	11 255	8 102	1 222	3 052	17 319
合计	**10 720 204**	**12 142 162**	**18 123 134**	**13 950 286**	**12 132 011**	**11 695 827**	**13 404 708**	**15 202 054**	**14 099 547**

附表6 2014—2022各年末中国对外非金融类直接投资存量情况（分省市区）

单位：万美元

省、市、自治区	2014年	2015年	2016年	2017年	2018年	2019年	2020年	2021年	2022年
一、中央合计	**50 958 051**	**59 372 681**	**65 599 697**	**87 878 206**	**101 561 568**	**115 879 800**	**143 086 416**	**163 435 135**	**151 802 792**
二、地方合计	**23 543 706**	**34 447 768**	**52 405 103**	**72 746 142**	**74 875 473**	**78 554 827**	**87 973 256**	**85 044 812**	**93 288 020**
北京市	2 848 870	3 879 895	5 438 141	6 484 394	6 995 093	7 368 891	8 527 566	9 588 300	10 153 818
天津市	923 379	1 094 193	2 622 543	2 353 886	2 464 954	2 792 847	2 692 969	2 405 716	2 610 257
河北省*	453 094	572 481	862 739	1 110 454	1 128 621	1 181 404	1 360 450	1 627 453	1 722 700
山西省	170 579	211 051	316 180	256 219	307 772	289 592	224 443	242 673	247 002
内蒙古自治区	239 148	313 155	496 332	540 581	639 544	648 468	641 944	708 187	820 944
辽宁省*	925 619	1 131 945	1 321 896	1 325 072	1 295 936	1 399 423	1 418 865	1 339 176	1 285 824
其中：大连市	589 730	709 425	813 447	699 531	758 218	683 958	689 282	573 422	580 986
吉林省	243 138	313 412	338 712	398 703	389 298	323 162	320 043	244 165	229 375
黑龙江省	402 167	421 397	574 078	407 097	459 569	434 802	427 580	395 606	409 472
上海市	2 548 479	5 836 165	8 405 445	11 200 433	11 806 919	13 033 232	13 643 508	15 150 421	16 274 184
江苏省*	1 560 997	2 261 424	3 494 674	4 031 748	4 614 523	5 449 645	6 014 187	6 853 502	6 362 067
浙江省*	1 537 359	2 236 478	3 268 220	9 839 463	5 736 359	6 590 062	7 475 529	8 230 527	10 281 337
其中：宁波市*	451 785	674 225	1 177 975	1 216 413	1 532 361	1 738 486	1 865 905	1 915 782	2 945 697
安徽省	426 945	626 696	581 850	904 994	1 123 612	1 271 546	1 474 568	1 763 759	1 985 713
福建省*	487 290	820 253	1 113 362	1 266 592	1 756 699	1 900 923	2 357 008	2 553 576	2 581 213
其中：厦门市	133 149	243 270	424 477	458 536	663 695	601 357	848 943	871 878	917 192
江西省	201 352	259 524	356 964	408 974	420 113	612 151	766 984	845 534	1 099 636
山东省*	1 970 097	2 730 544	4 119 316	4 778 766	5 491 331	6 240 386	6 778 908	5 788 484	6 991 895
其中：青岛市	447 530	585 277	1 169 864	1 309 321	1 859 633	1 955 002	1 788 373	1 847 834	1 892 414
河南省	249 444	399 496	869 289	977 567	1 343 891	1 544 897	1 578 175	1 656 469	1 842 414
湖北省	228 305	286 068	418 263	562 511	645 458	701 207	688 305	739 300	1 027 761
湖南省	551 500	810 442	1 017 435	1 044 607	1 087 846	1 193 163	1 391 307	1 138 758	1 207 436
广东省	4 947 939	6 865 495	12 504 278	18 971 365	20 054 929	17 838 093	22 781 781	16 572 460	17 998 738
其中：深圳市	2 966 948	3 868 694	8 525 620	14 047 095	14 508 343	11 925 611	15 760 698	9 657 338	10 422 395
广西壮族自治区	147 792	184 597	343 295	376 545	494 650	526 015	551 037	518 224	512 188
海南省*	375 642	489 395	500 865	1 115 541	1 518 030	1 698 512	1 244 561	1 197 871	1 188 032
重庆市	265 660	390 825	636 560	1 046 638	1 202 820	1 042 454	1 102 653	893 861	789 911
四川省	352 409	465 901	584 727	760 956	909 329	1 166 571	1 177 785	1 272 974	1 466 793
贵州省	34 178	42 894	48 017	49 892	61 155	93 202	84 829	100 755	204 742
云南省*	514 204	602 619	681 510	755 796	835 622	753 088	793 549	831 173	1 184 503
西藏自治区	1 610	31 441	7 975	59 988	110 977	114 797	119 192	157 222	179 591
陕西省	246 511	285 525	361 166	422 009	491 434	552 540	542 644	502 105	520 984
甘肃省	320 403	321 156	407 739	471 826	582 349	610 849	669 188	645 545	668 905
青海省	10 132	22 292	27 027	59 829	60 750	64 713	72 084	53 110	69 550
宁夏回族自治区*	49 733	160 026	247 420	210 646	258 666	439 154	387 418	362 924	668 222
新疆维吾尔自治区	234 030	296 592	400 533	505 564	531 475	638 486	634 901	642 449	660 920
新疆生产建设兵团	75 701	84 391	38 552	47 486	55 749	40 551	29 297	22 535	41 894
合计	**74 501 757**	**93 820 449**	**118 004 800**	**160 624 348**	**176 437 041**	**194 434 626**	**231 059 671**	**248 479 946**	**245 090 812**

注：带*行数据表示2022年末存量中包含对以往历史数据进行调整。

附表 7　2014—2022 各年中国对欧盟直接投资流量情况

单位：万美元

国家	2014 年	2015 年	2016 年	2017 年	2018 年	2019 年	2020 年	2021 年	2022 年
爱尔兰	3 711	1 430	33 193	24 134	7 516	6 428	6 760	22 558	10 416
爱沙尼亚	—	—	—	12	5 322	202	—	—	-14
奥地利	4 371	10 432	19 172	41 219	13 814	3 239	7 481	19 539	-13 497
保加利亚	2 042	5 916	-1 503	8 887	-168	246	57	25	-594
比利时	15 328	2 346	2 835	3 034	563	5 985	7 603	11 160	1 695
波兰	4 417	2 510	-2 411	-433	11 783	11 160	14 256	2 941	12 773
丹麦	5 723	-2 416	12 573	1 521	3 048	6 026	6 322	1 578	4 802
德国	143 892	40 963	238 058	271 585	146 799	145 901	137 560	271 113	197 864
法国	40 554	32 788	149 957	95 215	-7 502	8 722	14 779	-15 167	4 848
芬兰	1 042	3 868	3 667	2 347	14 104	3 404	4 066	6 518	4 769
荷兰	102 997	1 346 284	116 972	-22 312	103 834	389 317	493 833	170 393	-104 980
捷克	246	-1 741	185	7 295	11 302	6 053	5 279	-2 539	-1 302
克罗地亚	355	—	22	3 184	2 239	2 869	15 446	1 515	522
拉脱维亚	—	45	—	8	1 068	—	564	482	8
立陶宛	—	—	225	—	-447	—	33	20	212
卢森堡	457 837	-1 145 317	160 188	135 340	248 733	68 587	70 095	149 932	325 036
罗马尼亚	4 225	6 332	1 588	1 586	157	8 411	1 310	513	1 159
马耳他	193	503	15 480	167	1 011	-118	89	282	-98
葡萄牙	387	1 072	1 137	104	1 171	1 855	118	275	144
瑞典	13 001	31 719	12 768	129 026	106 395	191 571	192 999	128 077	185 090
塞浦路斯	—	176	525	60 341	11 390	8 242	9 466	3 228	409
斯洛伐克	4 566	—	—	68	1 462	-53	20	33	1
斯洛文尼亚	—	—	2 186	39	1 328	2 684	-13 294	304	-59
西班牙	9 235	14 967	12 541	5 879	53 768	11 491	10 295	7 917	7 188
希腊	—	-137	2 939	2 857	6 030	57	717	656	-137
匈牙利	3 402	2 320	5 746	6 559	9 495	12 315	-415	5 353	26 046
意大利	11 302	9 101	63 344	42 454	29 761	64 979	24 446	-1 202	27 755
英国	149 890	184 816	148 039	206 630	102 664	110 345	—	—	—
合计	**978 716**	**547 978**	**999 426**	**1 026 748**	**886 638**	**1 069 917**	**1 009 883**	**785 505**	**690 058**

注：欧盟 2020 年及此后年度合计数据不包括对英国投资数据。

附表 8 2014—2022 各年末中国对欧盟直接投资存量情况

单位：万美元

国家	2014 年	2015 年	2016 年	2017 年	2018 年	2019 年	2020 年	2021 年	2022 年
爱尔兰	24 972	24 832	57 377	88 263	97 277	107 401	151 794	174 577	167 618
爱沙尼亚	350	350	350	362	5 684	6 333	532	532	518
奥地利	20 170	32 799	53 051	85 149	46 163	49 218	67 523	72 006	52 392
保加利亚	17 027	23 597	16 607	25 046	17 109	15 681	15 584	15 131	14 214
比利时	49 347	51 953	54 403	47 923	32 641	47 095	50 063	48 820	41 415
波兰	32 935	35 211	32 132	40 552	52 373	55 559	68 231	53 576	64 510
丹麦	20 815	8 217	22 611	22 883	24 653	29 485	35 354	25 393	31 908
德国	578 550	588 176	784 175	1 216 320	1 368 861	1 423 399	1 454 958	1 669 749	1 855 056
法国	844 488	572 355	511 617	570 271	659 879	595 434	486 095	486 390	481 426
芬兰	5 899	9 507	21 170	21 307	32 754	34 038	30 662	45 296	72 141
荷兰	419 408	2 006 713	2 058 774	1 852 900	1 942 899	2 385 482	2 604 129	2 848 751	2 830 170
捷克	24 269	22 431	22 777	16 490	27 923	28 749	119 843	52 682	31 917
克罗地亚	1 187	1 182	1 199	3 908	6 908	9 840	25 264	24 553	24 248
拉脱维亚	54	94	94	102	1 170	1 163	1 681	2 112	2 064
立陶宛	1 248	1 248	1 529	1 713	1 289	981	1 223	729	923
卢森堡	1 566 677	773 988	877 660	1 393 615	1 538 870	1 390 221	1 599 545	1 813 068	2 055 460
罗马尼亚	19 137	36 480	39 150	31 007	30 462	42 827	31 316	22 011	22 022
马耳他	542	1 045	16 364	16 498	23 049	22 932	17 253	3 258	3 140
葡萄牙	6 069	7 142	8 774	11 023	10 593	5 857	4 578	2 921	2 503
瑞典	301 292	338 196	355 368	730 742	689 681	857 869	1 060 149	1 703 204	1 867 481
塞浦路斯	10 717	10 915	11 005	71 869	84 543	106 147	20 274	13 124	13 546
斯洛伐克	12 779	12 779	8 277	8 345	9 929	8 274	8 287	441	433
斯洛文尼亚	500	500	2 686	2 725	4 009	18 960	4 680	5 018	47 349
西班牙	42 453	60 801	73 647	69 263	106 014	111 057	110 950	113 652	118 581
希腊	12 085	11 948	4 808	18 222	24 247	23 102	12 629	13 295	12 522
匈牙利	55 635	57 111	31 370	32 786	32 069	42 736	34 187	38 232	58 066
意大利	71 969	93 197	155 484	190 379	214 535	257 017	284 781	341 316	247 626
英国	1 280 465	1 663 246	1 761 210	2 031 817	1 988 323	1 714 390	—	—	—
合计	**5 421 040**	**6 446 013**	**6 983 669**	**8 601 478**	**9 073 906**	**9 391 249**	**8 301 564**	**9 589 839**	**10 119 250**

注：欧盟 2020 年及此后年度合计数据不包括对英国投资数据。

附表 9 2014—2022 各年中国对东盟直接投资流量情况

单位：万美元

国家	2014 年	2015 年	2016 年	2017 年	2018 年	2019 年	2020 年	2021 年	2022 年
菲律宾	22 495	−2 759	3 221	10 884	5 882	−429	13 043	15 286	27 089
柬埔寨	43 827	41 968	62 567	74 424	77 834	74 625	95 642	46 675	63 218
老挝	102 690	51 721	32 758	121 995	124 179	114 908	145 430	128 232	25 343
马来西亚	52 134	48 891	182 996	172 214	166 270	110 954	137 441	133 625	160 639
缅甸	34 313	33 172	28 769	42 818	−19 724	−4 194	25 080	1 846	6 198
泰国	83 946	40 724	112 169	105 759	73 729	137 191	188 288	148 601	127 180
文莱	−328	392	14 210	7 136	−1 509	−405	1 658	375	416
新加坡	281 363	1 045 248	317 186	631 990	641 126	482 567	592 335	840 504	829 538
印度尼西亚	127 198	145 057	146 088	168 225	186 482	222 308	219 835	437 251	454 960
越南	33 289	56 017	127 904	76 440	115 083	164 852	187 575	220 762	170 301
合计	**780 927**	**1 460 431**	**1 027 868**	**1 411 885**	**1 369 353**	**1 302 377**	**1 606 327**	**1 973 158**	**1 864 881**

附表 10 2014—2022 各年末中国对东盟直接投资存量情况

单位：万美元

国家	2014 年	2015 年	2016 年	2017 年	2018 年	2019 年	2020 年	2021 年	2022 年
菲律宾	75 994	71 105	71 893	81 960	83 002	66 409	76 713	88 390	111 283
柬埔寨	322 228	367 586	436 858	544 873	597 368	646 370	703 852	696 559	744 411
老挝*	449 099	484 171	550 014	665 495	830 976	824 959	1 020 142	993 974	957 837
马来西亚	178 563	223 137	363 396	491 470	838 724	792 369	1 021 184	1 035 515	1 205 046
缅甸	392 557	425 873	462 042	552 453	468 006	423 445	380 904	398 821	397 252
泰国*	307 947	344 012	453 348	535 847	594 670	718 585	882 555	991 721	1 056 778
文莱	6 955	7 352	20 377	22 067	22 045	42 696	38 812	9 628	10 385
新加坡*	2 063 995	3 198 491	3 344 564	4 456 809	5 009 383	5 263 656	5 985 785	6 720 228	7 344 991
印度尼西亚	679 350	812 514	954 554	1 053 880	1 281 128	1 513 255	1 793 883	2 008 048	2 472 206
越南*	286 565	337 356	498 363	496 536	560 543	707 371	857 456	1 085 211	1 166 072
合计	**4 763 253**	**6 271 597**	**7 155 409**	**8 901 390**	**10 285 845**	**10 989 115**	**12 761 285**	**14 028 094**	**15 466 263**

注：“*”表示该国家（地区）2022 年末存量数据中包含对以往历史数据进行调整。

附　录

对外直接投资统计制度

中华人民共和国商务部
国　家　统　计　局
国家外汇管理局

2022年1月

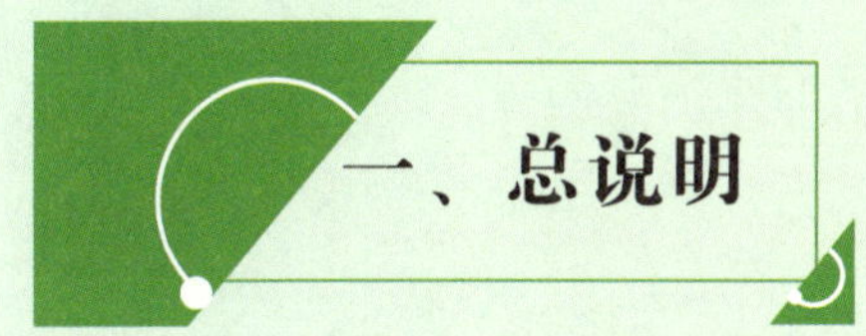

一、总说明

（一）调查目的

为真实、准确、完整、及时地反映我国对外直接投资的实际情况，科学、有效地组织全国对外直接投资统计工作，充分发挥统计咨询、监督作用，依照《中华人民共和国统计法》（以下简称《统计法》）特制定本制度。对外直接投资统计的基本任务是通过统计调查、统计分析和提供统计资料，真实、准确、完整、及时地反映我国对外直接投资的全貌，为国家分析境外投资发展趋势，监测宏观运行，制定促进导向政策和实施监督管理，以及建立我国资本项目预警机制提供依据。

（二）调查对象

所有发生对外直接投资活动的中国境内机构和个人（以下简称境内投资者）。

（三）调查范围

1. 我国境内投资者以现金、实物、无形资产等方式在国外及港澳台地区设立、参股、兼并、收购国（境）外企业，并拥有该企业10%或以上股权、投票权或其他等价利益的经济活动。

2. 对外直接投资统计的范围主要包括境内投资者通过直接投资方式在境外拥有或控制10%或以上股权、投票权或其他等价利益的各类公司型和非公司型的境外直接投资企业（以下简称境外企业）。

（四）调查内容

对外直接投资统计的内容主要包括：境内投资者的基本情况；境外企业的基本情况；对外直接投资流量、存量情况；成员企业间债务工具情况；境外企业返程投资情况；通过境外企业再投资情况；境外主要矿产资源情况；境外电力生产领域投资情况；境外重点农产品产出情况；对外直接投资月度投资情况；对外投资并购情况；农业对外投资合作情况；境外经济贸易合作区情况、通过境外企业再投资月度情况、境外企业在外人员月度变化情况、境外节能环保清洁产业投资情况等。

对外直接投资统计的指标主要包括：对外直接投资流量；年末对外直接投资存量；股权；收益再投资；债务工具；反向投资额；资产总计；负债合计；所有者权益合计；实收资本；销售（营业）收入；利润总额；净利润；年末从业人数；对所在国家（地区）缴纳的税金总额等。

（五）统计调查方法

本制度采用全面调查的方法。

（六）调查频率及调查时间

本制度采用定期填报统计报表方式，收集、整理统计资料。调查表分为年度报表和月度报表。其中月度报表调查时间为1日至当月最后一日，年度报表调查时间是1月1日至12月31日。

（七）组织方式和渠道

1. 对外直接投资统计实行统一领导，分级管理，逐级报送。

（1）商务部根据国家统计局的统一要求，负责全国对外直接投资的统计工作，管理各省、自治区、直辖市及计划单列市商务主管部门和中央企业（单位）的对外直接投资统计工作，综合编制、汇总全国对外直接投资统计资料。

（2）国家外汇管理局（以下简称外汇局）负责全国金融业的对外直接投资统计工作，管理金融业境内投资者的对外直接投资统计工作，综合编制、汇总并向商务部提供金融领域的对外直接投资统计资料。

（3）各省级商务主管部门负责本行政区域内对外直接投资统计工作，管理本行政区域内非金融业境内投资者（不包括该行政区域内中央管理的企业，下同）的对外直接投资统计工作，综合编制、汇总并向商务部报送本行政区域内的对外直接投资统计资料。

（4）境内投资者负责管理本单位的对外直接投资统计工作，按照本制度规定的表式搜集其境外直接投资企业的统计资料，综合编制、汇总并向省级商务主管部门、商务部或外汇局报送本单位的统计资料。

2. 商务部、国家统计局和外汇局根据需要对重点统计调查项目采取典型调查方式，收集、整理统计资料，具体办法另文制定。

对外直接投资统计报表报送渠道：

（1）境内投资者为中央企业、单位的，直接向商务部报送统计报表。

（2）境内投资者为金融企业（包括银行、保险公司、证券公司、基金公司、信托公司、财务公司等）的，直接向外汇局报送统计报表。

（3）其他境内投资者向所在地商务主管部门报送统计报表。

（4）各省级商务主管部门汇总本行政区域内（不包括中央企业）的统计资料并上报商务部，同时抄送同级统计部门。

（5）外汇局负责收集、审核、汇总金融业境内投资者的统计资料，向商务部提供金融部分对外直接投资统计资料。

（6）商务部负责汇总全行业对外直接投资统计资料并报国家统计局，同时共享外汇局使用。

（7）境内投资者对外直接投资涉及的所有境外企业均按（1）、(2)、(3）渠道报送。

（八）报送要求

1. 各级商务主管部门和有关企业、单位须根据对外直接投资统计工作的需要及工作量，配备统计人员（专职或兼职）并保持相对稳定，提供必要的经费及办公设备。

2. 境内投资者必须依照《统计法》和国家有关规定，真实、准确、完整、及时地提供统计调查所需的资料，不得提供不真实或者不完整的统计资料，不得迟报、拒报统计资料。

3. 统计机构、统计人员应当依法履行职责，如实搜集、报送统计资料，不得伪造、篡改统计资料，不得以任何方式要求任何单位和个人提供不真实的统计资料。

4. 逢国家法定的节假日，统计报表的报送时间顺延。

5. 本制度使用的国别（地区）统计代码，按海关总署制定的《国别（地区）统计代码》执行。

6. 境内投资者所属行业类别按《国民经济行业分类》(GB/T 4754-2017）执行，境外企业所属行业类别参照执行。

7. 境内投资者所属企业登记注册类型按国家统计局、国家工商行政管理总局 2011 年发布的《关于划分企业登记注册类型的规定》执行。

8. 境内投资者所属企业所有制性质按国家统计局 2005 年发布的《关于统计上对公有和非公有控股经济的分类办法》执行。

9. 文化及相关产业分类按照国家统计局 2018 年发布的《文化及相关产业分类》执行。

10. 节能环保产业分类按照国家统计局 2021 年发布的《节能环保产业统计分类（2021)》执行。

11. 统一社会信用代码以有关登记管理部门颁发的《统一社会信用代码证书》或相关证明为准。

（九）质量控制

1. 商务部通过建立健全对外直接投资统计数据质量控制体系，实现统计调查全流程的制度化、程序化、规范化。

2. 商务部按照《关于防范商务领域统计造假弄虚作假有关责任的规定》，落实统计责任，全面防范和严肃惩治商务统计造假，保障统计数据质量。

3. 商务部定期对各省级商务主管部门和中央企业（单位）的对外直接投资统计工作开展情况进行通报，加强统计管理，不断提升统计数据质量。

4. 为保证统计数据完整、准确，各省级商务主管部门、有关中央企业应做好辖区及下属企业的对外直接投资统计培训工作。

5. 本制度涉及对外直接投资统计标准、原则遵循经济合作与发展组织（OECD）《关于外国直接投资基准定义》（第四版）有关规定，统计数据与全球大多数国家（地区）具有可比性。

6. 为全面反映对外直接投资实际情况，对外直接投资月度统计数据包括商务部根据上年收益再投资测算的月度收益再投资，商务部根据测算结果生成有关行业、国家（地区）、省份的月度收益再投资。

7. 商务部、国家统计局和外汇局依据对外直接投资年报最终统计结果，对本年度快报数据予以修订。

（十）监督检查

1. 各省级商务主管部门根据《统计法》要求，应及时向本级人民政府统计机构提供对外直接投资统计违法线索和相关材料，协助本级人民政府统计机构查处统计违法行为。涉及重大、典型统计违法行为，可将线索和相关材料上报商务部，由商务部移送国家统计局依法办理。

2. 商务部将联合有关部门定期开展对外直接投资统计大检查。

（十一）统计资料的管理

1. 境内投资者应当按照国家有关规定设置原始记录、统计台账，建立健全统计资料的审核、签署、交接、归档等管理制度。

2. 各省级商务主管部门应当按照国家有关规定建立统计资料的保存、管理制度，建立健全统计信息共享机制。

3. 统计机构和统计人员对在统计工作中知悉的国家秘密、商业秘密和个人信息，应当予以保密。

4. 统计调查中获得的能够识别或者推断单个统计调查对象身份的资料，任何单位和个人不得对外提供、泄露，不得用于统计以外的目的。

5. 各省级商务主管部门和境内投资者应加强跨境数据信息管理，遵守境内外数据信息保护规定和要求，依法合规收集、存储、使用统计数据信息。

（十二）信息共享

经批准对外发布的数据，可按照协定方式与相关政府部门共享。在最终审定数据十个工作日后可以共享，共享责任单位为商务部对外投资和经济合作司，共享责任人为商务部对外投资和经济合作司统计工作负责人。

（十三）统计资料公布

1. 对外直接投资统计数据采取定期公布制度。

2. 年度综合统计有关数据由商务部、国家统计局和外汇局于次年 9 月 30 日前以年度对外直接投资统计公报形式出版发行，并通过商务部网站（www.mofcom.gov.cn）公布，主要指标包括年度对外直接投资流量、存量等；月度综合统计有关数据由商务部于月后 30 日内通过商务部政府网站或商务部新闻发布会形式对外公布，主要指标为对外直接投资额。每年 1 季度，商务部根据月度统计数据生成年度对外直接投资统计初步数据（年度快报数据），同比计算基数为上年度统计初步数据。

（十四）使用名录库情况

本制度使用国家统计局基本单位名录库、商务部基本单位名录库。

二、报表目录

表号	表名	报告期别	统计范围	报送、提供单位	报送、提供日期及方式	页码
（一）综合报表						
FDI金融N1表	金融业境内投资者对外直接投资流量和存量（按国别地区分组）	年报	全部金融业境内投资者	国家外汇管理局	年后7月20日前向商务部提供，纸介质	13
FDI金融N2表	金融业境内投资者对外直接投资流量和存量（按国民经济行业分组）	年报	同上	同上	同上	14
FDI金融N3表	金融业境内投资者拥有的境外企业基本情况	年报	同上	同上	同上	15
FDI金融Y1表	金融业对外直接投资情况（按国别地区分组）	月报	同上	同上	月后15日前向商务部提供，纸介质	16
FDI金融Y2表	金融业对外直接投资情况（按国民经济行业分组）	月报	同上	同上	同上	17
（二）基层报表						
FDIN1表	境内投资者基本情况	年报	全部非金融业境内投资者	非金融业境内投资者	年后6月20日前报省级商务主管部门或商务部，网络传输	18
FDIN2表	境外企业基本情况	年报	同上	同上	同上	19
FDIN3表	对外直接投资流量、存量情况	年报	同上	同上	同上	20
FDIN4表	成员企业间债务工具情况	年报	同上	同上	同上	21
FDIN5表	境外企业返程投资情况	年报	同上	同上	同上	22
FDIN6表	境内投资者通过境外企业再投资情况	年报	同上	同上	同上	23
FDIN7表	境外主要矿产资源情况	年报	同上	同上	同上	24
FDIN8表	境外电力生产领域投资情况	年报	同上	同上	同上	25
FDIN9表	境外主要农产品产出情况	年报	同上	同上	同上	26
FDIY1表	对外直接投资月度情况（按出资方式分组）	月报	同上	同上	月后10日前报省级商务主管部门或商务部，网络传输	27
FDIY2表	对外直接投资月度情况（按投资构成分组）	月报	同上	同上	同上	28
FDIY3表	对外投资并购基本事项	月报	同上	同上	同上	29
FDIY4表	农业对外投资合作情况	月报	同上	同上	同上	30
FDIY5表	境外经济贸易合作区情况	月报	同上	同上	同上	31
FDIY6表	境外企业再投资月度情况	月报	同上	同上	月后15日前报省级商务主管部门或商务部，网络传输	32
FDIY7表	境外企业在外人员月度变化情况	月报	同上	同上	同上	33
FDIY8表	境外节能环保产业月度投资情况	月报	同上	同上	月后10日前报省级商务主管部门或商务部，网络传输	34

三、调查表式（略）

四、主要指标解释及概念界定

（一）主要指标解释

1. 对外直接投资

对外直接投资是境内投资者以控制国（境）外企业的经营管理权为核心的经济活动，体现在一经济体通过投资于另一经济体而实现其持久利益的目标。

2. 直接投资企业

直接投资企业指境内投资者直接拥有或控制10%或以上股权、投票权或其他等价利益的境外企业。境外企业按设立方式主要分为子公司、联营公司和分支机构。

（1）子公司：境内投资者拥有该境外企业50%以上的股东或成员表决权，并具有该境外企业行政、管理或监督机构主要成员的任命权或罢免权。

（2）联营公司：境内投资者拥有该境外企业10%~50%的股东或成员表决权。

（3）分支机构：即境内投资者在国（境）外的非公司型企业。

3. 成员企业

成员企业指企业间互相不持有股份，但为同一企业所影响，则这些企业称为成员企业。只要企业间存在直接或间接地有一个共同的母公司，这些企业即成为成员企业。

例如：中国A企业在中国香港设立直接投资企业B，在美国设立了境外企业C，企业C和B互为成员企业。

4. 境外成员企业

境外成员企业指与境内投资者互为成员企业的境外企业。

例如：中国A企业在中国内地设立了B企业，又在英国投资了企业C，企业C是B的境外成员企业。

5. 对外直接投资额

对外直接投资额指境内投资者在报告期内直接向其境外企业实现的投资，包括股权投资、收益再投资以及债务工具三部分。

金融业的对外直接投资仅包括股权投资和收益再投资。

（1）股权投资：指境内投资者在其境外分支机构投入的股本金或在其境外子公司和联营公司的股份。

股权：等于报告年度末境外企业资产负债表中“股本”项乘以中方所占投资份额（或股权比重），当期股权的减少记作当期负流量。

新增股权：等于报告年度境外企业股本增加额乘以中方股权份额，其中包括境内投资者当年实际缴付的股本和由投资收益转增的股本。股权增加额为该企业年末、年初资产负债表“股本”项目相减之差。

（2）收益再投资：指境外子公司或联营公司未作为红利分配但应归属于境内投资者的利润部分，以及境外分支机构未汇给境内投资者的利润部分。

当期收益再投资：等于报告年度境外企业资产负债表中按中方股权比例计算的未分配利润期末数与期初数的差额，当期利润再投资为负数记入当期负流量。

收益再投资：等于报告年度境外企业资产负债表中按中方股权比例计算的未分配利润期末数，未分配利润期末数为负数不计入对外直接投资存量。

（3）债务工具：是指境外子公司、分支机构以及联营公司对境内投资者负债合计，包括境内投资者给境外子公司、联营公司和分支机构提供的贷款（一年期以上，下同）、应收和预付款项、债务证券等。境内投资者给境外成员企业间的贷款亦纳入此范畴。

境内投资者当期提供给境外子公司、联营公司、分支机构、境外成员企业贷款记作当期对外直接投资流量和存量的增加；境外子公司、联营公司、境外成员企业归还当期或以前年度境内投资者记作当期对外直接投资的负流量，同时应调减当期存量。

境内投资者与境外子公司、联营公司、分支机构间当期新增或减少的应收和预付款项记作当期对外直接投资的流量的增加或减少；期末应收和预付款项记作对外直接投资的存量的增加或减少。

6. 反向投资额

反向投资额指境外企业对境内投资者持股比例低于10％的投资。

7. 返程投资

返程投资指境内投资者将本地资金通过各种渠道流到国（境）外，再以直接投资（控股≥10％）

的形式将这些资金返回到本地经济体。

8. 当期对外直接投资总额

当期对外直接投资总额等于报告期境外企业新增股权加上当期收益再投资，再加上当期新增债务工具投资。

9. 当期对外直接投资流量

当期对外直接投资流量等于当期对外直接投资总额，减去当期境外企业对境内投资者的反向投资额。

10. 年末对外直接投资总额

年末对外直接投资总额等于报告期境外企业资产负债表中按中方投资比例计算的股本期末数加上按中方投资比例计算的未分配利润期末数，再加上期末债务工具投资。

11. 年末对外直接投资存量

年末对外直接投资存量等于年末对外直接投资总额减去境外企业累计对境内投资者的反向投资。

12. 资产总计

资产总计指企业拥有的流动资产、固定资产、无形资产、长期投资、在建工程、其他资产等用货币计量的价值总和。

13. 负债合计

负债合计反映报告期末企业承担的能够以货币计量、需要以资产或者劳务偿付的债务，包括流动负债、长期负债和其他负债。

14. 对境内投资者的负债

对境内投资者的负债指负债总额中，债权归属境内投资者且限期为一年以上的中长期债务总额，计入对外直接投资存量的债务工具投资。

15. 所有者权益合计

所有者权益合计指所有者在企业资产中享有的经济利益（按股比计算），其金额为资产减去负债后的余额，包括实收资本（或者股本）、资本公积、盈余公积和未分配利润等。

16. 实收资本

实收资本指投资者按照企业章程，或合同、协议的约定，实际投入企业的资本。

17. 销售（营业）收入

销售（营业）收入指企业在销售商品或提供劳务等经营业务中实现的营业收入，包括主营业务收入和其他业务收入。

18. 利润总额

利润总额指企业在报告期的经营成果，包括营业利润、投资净收益和营业外收支净额。

19. 净利润

净利润指利润总额中按规定交纳了所得税后企业的利润留成，一般也称为税后利润或净收入。

20. 年末从业人员数

年末从业人员数指报告年度末在境（内）外企业从事一定的劳动并取得劳动报酬或其他形式劳动报酬的全部人员数。

境外企业与中国境内有对外劳务合作经营资质的企业签订用工合同的相关从业人员不纳入境外企业年末从业人员统计。

21. 对所在国家（地区）上缴税金总额

对所在国家（地区）上缴税金总额指境外企业按照投资所在国家或者地区的法律规定实际缴纳的各项税金之和。

22. 通过境外企业再投资

通过境外企业再投资指我国境内投资者通过对外直接投资企业向第三地转移投资方式而在最终目的地国家形成的各类投资。第三地是指中国大陆和对外直接投资的首个目的地以外的国家（地区），包括投资企业延伸链条的所有国家（地区）。

23. 并购

并购是兼并和收购的总称。兼并指境内投资者（或通过其直接投资设立的境外企业）在国（境）外合并其他境外独立企业的行为。收购指境内投资者（或通过其直接投资设立的境外企业）在国（境）外用现金或者有价证券等方式购买境外实体企业（包括项目）的股票或者资产，以获得对该企业（或项目）的全部资产或者某项资产的所有权，或对该企业的控制权。

并购事项的统计界定：

（1）境内投资者直接与卖方签订并购境外实体企业（或项目）协议以及实施并购的行为活动纳入并购事项统计。

（2）境内投资者通过其境外企业与卖方签订并购企业（或项目）协议以及实施并购的行为活动纳入并购事项统计。

（3）境内投资者之间的境外企业股权转让不纳入并购事项统计。

上述（1）中所涉及并购企业（或项目）的最终控股比例不得小于10%；（2）中所涉及并购事项不受最终控股比例限制。

24. 实际交易额

实际交易额指根据收购协议境内投资者（或其境外企业）实际支付给卖方的各种资金总和。

25. 期末从业人员数量

期末从业人员数量指报告期末在境外企业从事一定的劳动并取得劳动报酬的全部人员数量。

26. 中方从业人员数量

中方从业人员数量指境外企业从业人员中拥有中华人民共和国国籍的员工数量。

27. 农业对外投资合作

农业对外投资合作指境内投资者通过直接投资或再投资方式拥有、控制国（境）外农业类境外企业或项目的活动。

28. 自有资金

自有资金是指境内投资者（或境外企业）为进行生产经营活动所经常持有，可以自行支配使用并毋须偿还的那部分资金。

29. 文化及相关产业

依据国家统计局《文化及相关产业分类（2018）》，文化及相关产业指为社会公众提供文化产品和文化相关产品的生产活动的集合。具体范围包括：（1）以文化为核心内容，为直接满足人们的精神需要而进行的创作、制造、传播、展示等文化产品（包括货物和服务）的生产活动。具体包括新闻信息服务、内容创作生产、创意设计服务、文化传播渠道、文化投资运营和文化娱乐休闲服务等活动。（2）为实现文化产品的生产活动所需的文化辅助生产和中介服务、文化装备生产和文化消费终端生产（包括制造和销售）等活动。

30. 剩余经济可采储量

剩余经济可采储量是指经过经济评价认定、在评价期内具有商业效益的可采储量，扣减报告期末累计开采量的剩余值。

31. 当年权益产量

当年权益产量等于当年矿产总产量乘以中方所占份额百分比。

（二）主要概念界定

1. 装备制造业的界定

装备制造业是指为国民经济各部门简单再生产和扩大再生产提供技术装备的各制造工业的总称，其产业范围包括机械工业（含航空、航天、船舶和兵器等制造行业）和电子工业中的投资类产品。包括通用设备制造业、专用设备制造业、金属制品业、汽车制造业、铁路/船舶/航空航天和其他运输设备制造业、电气机械和器材制造业、计算机/通信和其他电子设备制造业、仪器仪表制造业等。

2. 境外经贸合作区类型界定

境外经贸合作区指在中国内地注册、具有独立法人资格的中资控股企业，通过在境外设立的中资控股的独立法人机构，投资建设的基础设施完备、主导产业明确、公共服务功能健全、具有集聚和辐射效应的产业园区。园区类型主要包括：

（1）加工制造型：指以轻工、纺织、机械、电子、化工、建材等产品加工为主导的园区。

（2）资源利用型：指以矿产、森林、油气等资源开发、加工和综合利用等为主的园区。

（3）农业产业型：指以谷物和经济作物等的开发、加工、收购、仓储等为主导园区。

（4）商贸物流型：指以商品展示、运输、仓储、集散、配送、信息处理、流通加工等为主导的园区。

（5）科技研发型：指以轨道交通、汽车、通信、工程机械、航天航空、船舶和海洋工程等领域的高新技术及产品的研发、设计、实验、试制为主导的园区。

3. 统计原则的界定

（1）国家（地区）的统计界定：对外直接投资的国家（地区）按首个投资目的国家（地区）进行统计。

（2）境内投资者与境外企业的行业分类的界定：境内投资者根据中华人民共和国《国民经济行业分类》（GB/T 4754-2017，见附录一），按销售收入份额最大的产品的所属行业确定其行业类别。

境外企业分类参照中华人民共和国《国民经济行业分类》（GB/T 4754-2017）执行。

（3）货币转换和计价原则：境内投资者调查表（FDIN1表），填报的内容以人民币为货币单位；其余报表的金额单位均以美元作为统一货币单位。以非美元计价的，须按照国家外汇管理局制定的《各种货币对美元内部统一折算率表》规定的折算率折合为美元，年度数据以报告期最后一个交易日汇率计算，月度数据按交易当日汇率计算。

经营活动有关指标（如：营业收入、出口总值、进口总值等）按实际交易价即以市场价值作为计价基础；资产、负债、权益等存量指标按账面价值计算。

（4）报告年份的界定：本制度各项统计报表数据均按公历年度上报；以财政年度反映的境外企业的数据须调整为公历年度或按最近一期财政年度报表的数据填报，并在报表中加以说明。

（5）分支机构的统计界定

境内投资者在国（境）外设立的机构有下列情形之一的，纳入对外直接投资分支机构统计范畴：

A：有独立财务账户并在当地有登记。

B：在当地拥有土地、建筑物等不可移动资产所有权（不包括本国政府在当地拥有的土地和建筑如大使馆、领事馆、军事基地、科研设施、信息或移民部门、援助机构等）。

C：境内投资者直接承担国（境）外工程项目建设，在项目所在国设立一年以上的办公室（注册或非注册）并存在完整、独立的活动账户。

如境内投资者在国（境）外承担的水坝、电站、桥梁等大型工程建设项目，大多数情况下，由未在当地登记的办公室（经理办、代表处、项目部）实施和管理项目，已构成生产经营属性，属于国际标准意义的直接投资活动。

D：拥有移动设备（如船舶、航空器、天然气和石油钻探设备、铁路车辆等）并经营至少一年。

对境外分支机构的直接投资额（流量、存量）可按照新增或期末“所有者权益合计+对境内主体的负债”计算生成。

（6）其他统计界定

A. 凡境内投资者在境外企业中拥有或控制10%或以上的投票权（对公司型企业）或其他等价利益（对非公司型企业）的投资，均计入对外直接投资统计。

B. 子公司获得由境内直接投资者担保的借款，不计入对外直接投资统计。

C. 参加国际组织的投资不计入对外直接投资统计。

D. 以提供技术并收取管理费的跨境服务不计入对外直接投资统计。

E. 境外企业若被其他国家企业收（并）购，记作境内投资者对外直接投资的减少。

F. 若境外企业中有多家境内投资者，且均拥有10%以上的股份，可作为上报单位分别报送按股权比例计算的相应指标。

G. 境外企业对境内投资者投资控股比例大于或等于10%不计入反向投资。

H. 报告年度通过追加投资等方式达到控制企业10%或以上的投票权的境外企业纳入报告年度的对外直接投资统计，追加投资金额记作当期的对外直接投资的增加，期末对外直接投资存量按其持股比例计算的所有者权益合计部分计算。

I. 境内投资者之间以股权置换的方式获得境外企业10%以上股权记入当期对外直接投资的增加，由于股权置换而丧失或减少境外企业股权，记入当期对外直接投资的减少。

J. 境内银行（或存款公司）放在其境外支行或子公司内的存款不属于直接投资。

K. 境内银行（或存款公司）通过境外支行或子公司吸收的存款不属于直接投资。

L. 境内保险公司在境外设立的保险公司的技术储备（即：为防范现有风险的实际储备，提前支付的保费，赢利保险业务储备，以及未决索赔的准备金）不属于直接投资。

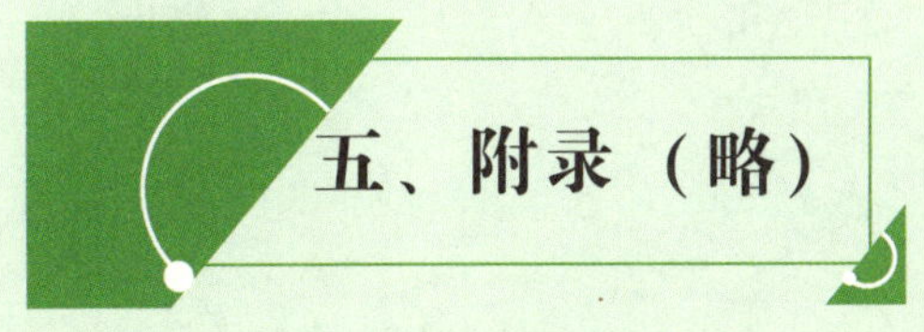

五、附录（略）

2022 Statistical Bulletin of China's Outward Foreign Direct Investment

Ministry of Commerce of the People's Republic of China
National Bureau of Statistics
State Administration of Foreign Exchange

Translator:
NKU Ge Shunqin Zhao Haoxin

2022 Statistical Bulletin of China's Outward Foreign Direct Investment

1. Overview of China's Outward FDI

In 2022, China's outward FDI net flows (hereinafter referred to as "flows") reached $163.12 billion, decreased by 8.8% compared with the previous year. Among the flows, $61.13 billion was new equity investment, accounting for 37.5%; $80.38 billion was reinvested earnings, accounting for 49.3%; $21.61 billion was debt instrument investment, accounting for 13.2%.

By the end of 2022, 29 thousand Chinese domestic investors had established 46.6 thousand FDI enterprises① (hereinafter referred to as "overseas enterprises") overseas in 190 countries (regions)② around the world. The year-end total assets of overseas enterprises were $8.4 trillion. The accumulated outward FDI net stock (hereinafter referred to as "stock") reached $2754.81 billion. Among the stock, $1 484.56 billion was equity investment, $962.64 billion was reinvested earnings, and $307.61 billion was debt instrument investment, accounting for 53.9%, 34.9% and 11.2% of the total respectively.

① FDI enterprises refer to foreign enterprises that are directly owned or have 10% (or above) voting rights or equivalents controlled by domestic investors.

② FDI countries (regions) are accounted as the first country (region) invested by domestic investors.

Table 1 Composition of China's Outward FDI Flows and Stock, 2022

Category	Flows		Stock	
	Amount/ Billions of US Dollars	Share/%	Amount/ Billions of US Dollars	Share/%
Total	**163. 12**	**100. 0**	**2 754. 81**	**100. 0**
Financial Sector	22. 12	13. 6	303. 90	11. 0
Non-financial Sector	141. 00	86. 4	2 450. 91	89. 0

Note: 1. The financial sector refers to domestic investor's outward FDI to overseas financial enterprises and the non-financial sector refers to domestic investor's outward FDI to overseas non-financial enterprises.
2. Data on flows in the non-financial sector and that in MOFCOM 2022 Express ($ 116. 85 billion) mainly differed in the reinvested earnings.

According to *the World Investment Report* 2023 by UNCTAD, global FDI outflows reached $1. 5 trillion in 2022 with a year-end stock of $39. 9 trillion. Based on this report, China's outward FDI flows and stock in 2022 accounted for 10. 9% and 6. 9% of the global total respectively, ranking second among all countries (regions) in terms of outward FDI flows, and third in terms of stock.

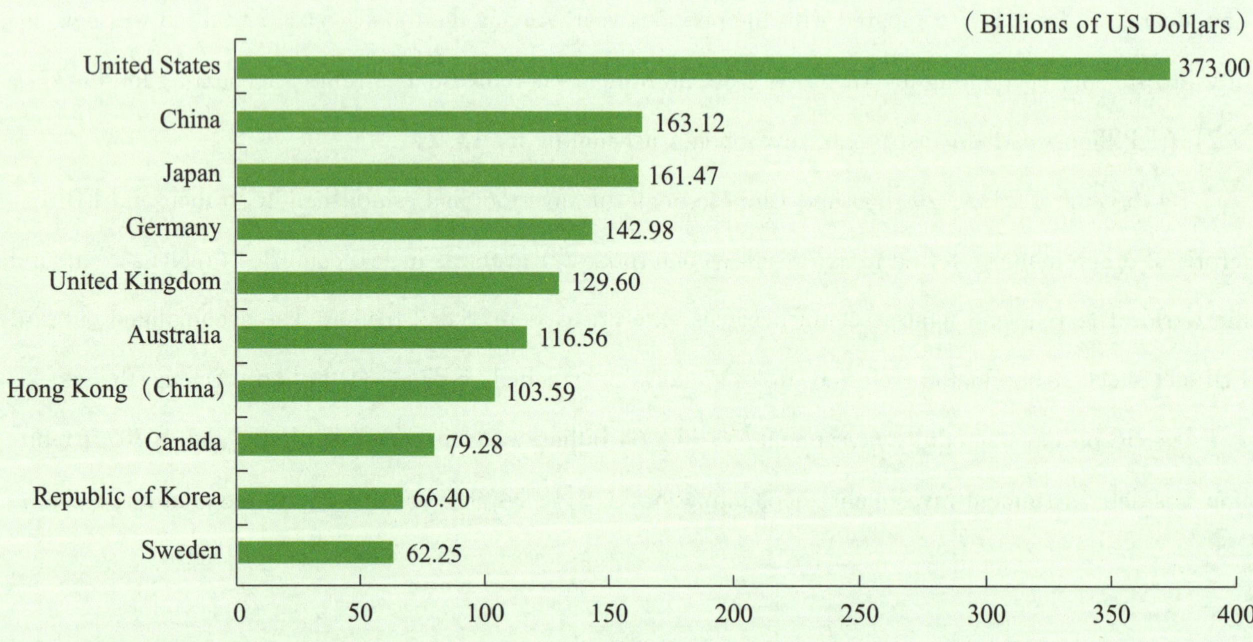

Figure 1 FDI Outflows of China and Other Major Countries (Regions), 2022

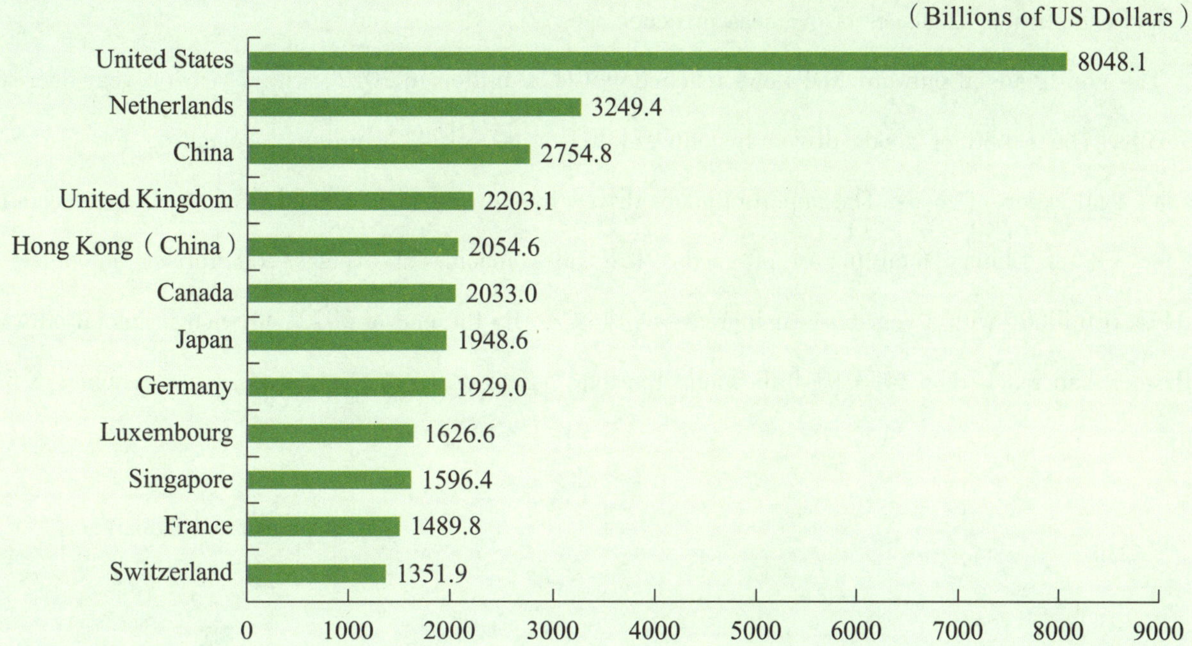

Figure 2 Outward FDI Stock of China and Other Major Countries (Regions), 2022

Note: Data on China's outward FDI in 2022 is based on *Statistical Bulletin of China's Outward Foreign Direct Investment*, and data on other countries (regions) is based on *the World Investment Report* 2023 by UNCTAD.

In 2022, China's financial outward FDI flows reached \$22.12 billion, with a year-on-year decrease of 17.5%. Among the flows, \$9.1 billion went to the monetary financial services sector (the former banking industry), taking up a share of 41.1%.

By the end of 2022, financial outward FDI stock had reached \$303.9 billion, among which \$145.1 billion had gone to the monetary financial services category, \$7.5 billion had gone to insurance industry, \$20.6 billion had gone to capital market services (the former securities industry), and \$130.7 billion had gone to other financial industries, accounting for 47.7%, 2.5%, 6.8% and 43% of the total respectively.

By the end of 2022, China's state-owned commercial banks③ had established 101 branch offices and 69 affiliated institutions in 51 countries (regions) including the United States, Japan, the United Kingdom, etc. These overseas enterprises had employed around 53 thousand staffs, 49 thousand of whom had been of foreign nationalities, taking up a share of 92.5%. By the end of 2022, Chinese insurance compa-

③ China's state-owned commercial banks include Bank of China, Agricultural Bank of China, Industrial and Commercial Bank of China, China Construction Bank, Bank of Communications and Postal Savings Bank of China.

nies had established 22 places of overseas presence.

The non-financial outward FDI flows reached ＄141. 0 billion in 2022, with a year-on-year decrease of 7. 3%. The export of goods driven by outward FDI was ＄174. 2 billion, accounting for 4. 8% of China's total export of goods. The import of goods driven by outward FDI reached ＄82. 4 billion, accounting for 3% of China's total import of goods. The sales income of overseas enterprises amounted to ＄3474. 0 billion, with a year-on-year increase of 14. 4%. By the end of 2022, the non-financial outward FDI stock had reached ＄2450. 91 billion and the total assets of overseas enterprises had reached ＄5. 3 trillion.

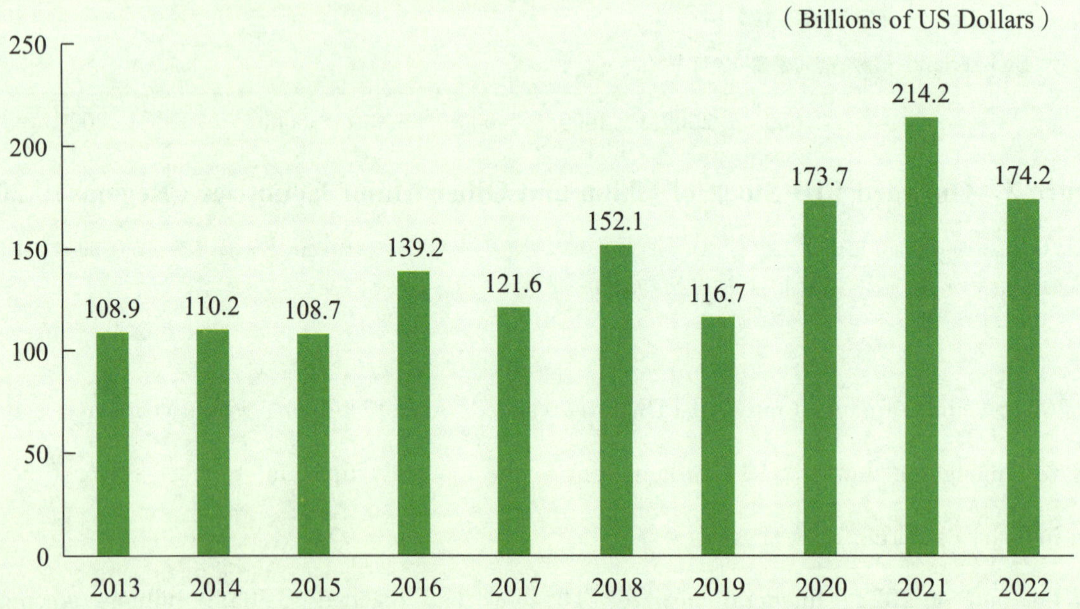

Figure 3 Export of Goods Driven by China's Outward FDI, 2013-2022

In 2022, the total amount of taxes paid by overseas enterprises to the countries (regions) where they invest was ＄75. 0 billion, with a 35. 1% increase comparing with the previous year. At the end of the year, the total number of employees of overseas enterprises reached 4. 108 million, including 2. 493 million foreign employees, accounting for 60. 7% of the total, with an increase of 99 thousand compared with the previous year.

2. The Flows and Stock of China's Outward FDI

Table 2 China's Annual Outward FDI Flows and Stock since the Establishment of Outward FDI Statistics System

Year	Flows			Stock	
	Amount/ Billions of US Dollars	Global Ranking	Year-on-Year Growth Rate /%	Amount/Billions of US Dollars	Global Ranking
2002	2.70	26	—	29.90	25
2003	2.85	21	5.6	33.20	25
2004	5.50	20	93.0	44.80	27
2005	12.26	17	122.9	57.20	24
2006	21.16	13	43.8	90.63	23
2007	26.51	17	25.3	117.91	22
2008	55.91	12	110.9	183.97	18
2009	56.53	5	1.1	245.75	16
2010	68.81	5	21.7	317.21	17
2011	74.65	6	8.5	424.78	13
2012	87.80	3	17.6	531.94	13
2013	107.84	3	22.8	660.48	11
2014	123.12	3	14.2	882.64	8
2015	145.67	2	18.3	1 097.86	8
2016	196.15	2	34.7	1 357.39	6
2017	158.29	3	-19.3	1 809.04	2
2018	143.04	2	-9.6	1 982.27	3
2019	136.91	2	-4.3	2 198.88	3
2020	153.71	1	12.3	2 580.66	3
2021	178.82	2	16.3	2 785.15	3
2022	163.12	2	-8.8	2 754.81	3

Note: 1. Data of 2002-2005 includes only non-financial outward FDI, and data of 2006-2022 includes outward FDI in all industries.

2. Annual growth rate of the year 2006 refers to that of the non-financial outward FDI.

2.1 China's Outward FDI Flows in 2022

2.1.1 China's outward FDI flows remained in second place in the world, with its global share increasing by 0.4 percentage points.

According to *the World Investment Report* 2023 by UNCTAD, in 2022, global FDI outflows reached $1.5 trillion, with a year-on-year decrease of 14%. Among them, foreign investment of developed economies④ reached $1.03 trillion, with a year-on-year decrease of 17.2%, accounting for 69.1% of the global flows. Foreign investment of developing economies reached $458.9 billion, with a year-on-year decrease of 5.4%, accounting for 30.9% of the total.

In 2022, China's outward FDI flows reached $163.12 billion, representing a decrease of 8.8% compared with the previous year's historically second-highest level. China's share in the global FDI outflows accounted for 10.9%, with an increase of 0.4 percentage points from the previous year.

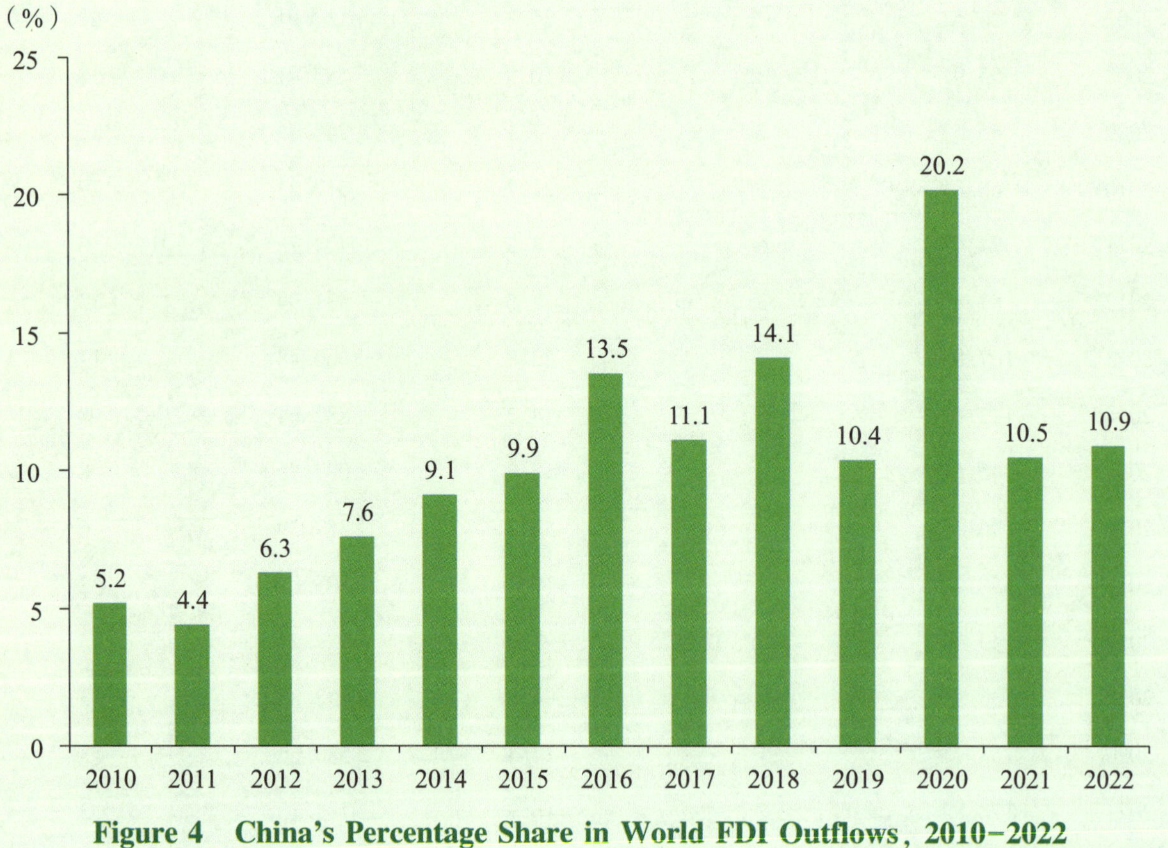

Figure 4 China's Percentage Share in World FDI Outflows, 2010-2022

④ Including the European Union, other European countries, Canada, the United States, Australia, Bermuda, Israel, Japan, Republic of Korea and New Zealand.

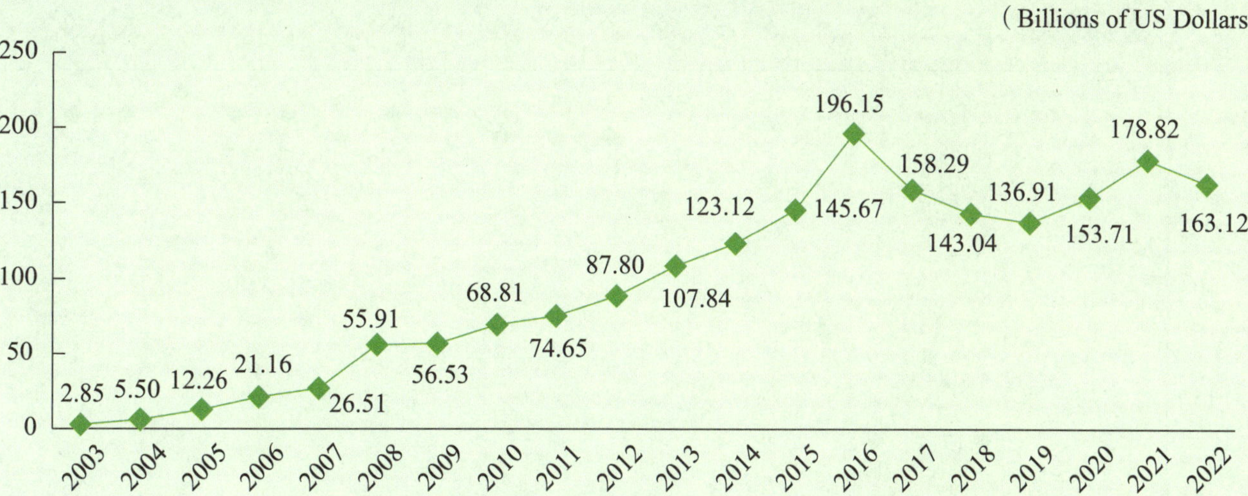

Figure 5 Outward FDI Flows of China, 2003-2022

Note: Data source is *Statistical Bulletin of China's Outward Foreign Direct Investment*.

Since the release of the annual statistics of outward FDI in 2003, China has ranked among the top three in terms of outward FDI flows for 11 consecutive years, and its contribution to the world economy has become increasingly prominent. The flows in 2022 were 60 times as much as the flows in 2002, with an average annual growth rate of 22. 8%. Since the 18th National Congress of the Communist Party of China, China's accumulated FDI has reached $1. 51 trillion, equivalent to 54. 9% of the stock, accounting for more than 10% of the global total for seven consecutive years, and has paid $443. 2 billion in various taxes in the countries (regions) where the investment is located, providing more than 2 million jobs every year. The influence of China's foreign investment in global FDI has been expanding.

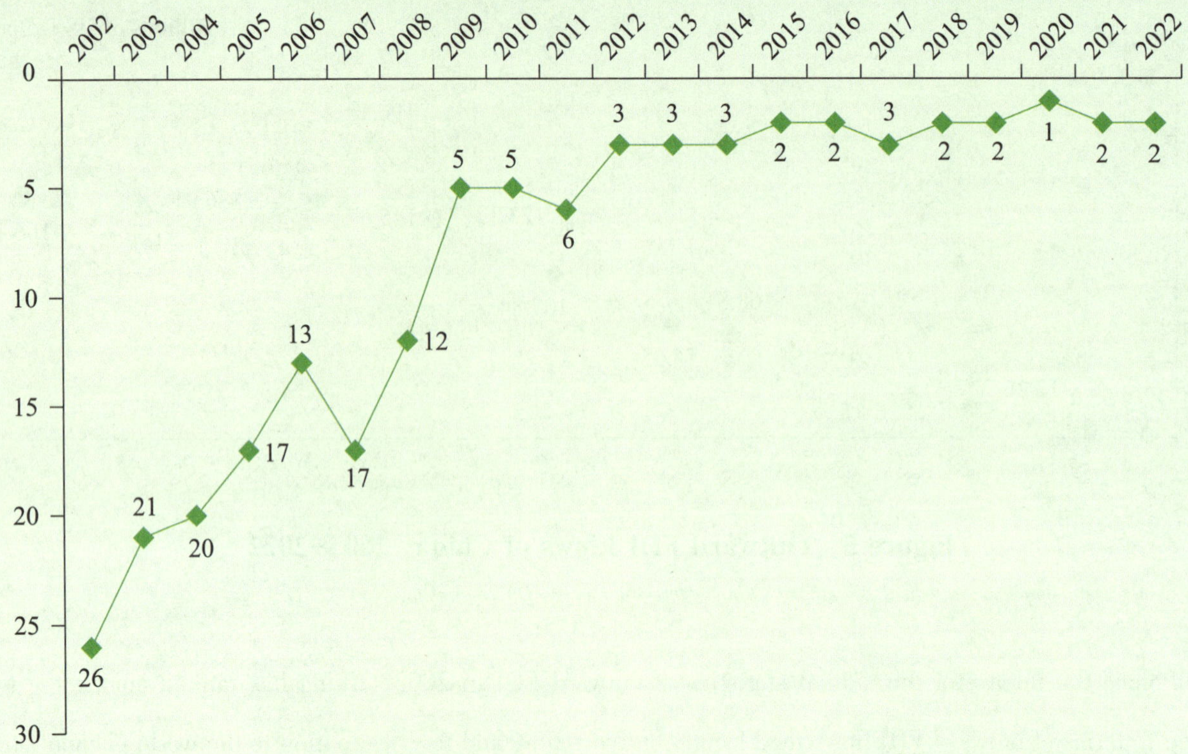

Figure 6 Global Rankings of China's Outward FDI Flows, 2002-2022

Note: Data source is *Statistical Bulletin of China's Outward Foreign Direct Investment*.

2.1.2 Due to multiple factors, the number and scale of outward M&A have decreased.

In 2022, the global economy is complex and ever-changing, with an increasing number of unstable, uncertain, and unpredictable external factors. The actual transaction volume of China's outward M&A reached \$20.06 billion, with a decrease of 37% compared with the previous year. Among them, direct investment⑤was \$15.19 billion, accounting for 75.7% of the total amount of M&As and 9.3% of China's total outward FDI in that year, and overseas financing was \$4.87 billion, accounting for 24.3% of the amount of M&A. These enterprises have implemented 483 outward M&A projects, involving 56 countries (regions).

⑤ Direct investment refers to domestic investors' or their overseas enterprises' M&As which are financed by domestic investor's own funds and domestic bank loans (excluding overseas loans guaranteed by domestic investors.)

Table 3 China's Outward M&As via Direct Investment, 2004-2022

Year	Amount of M&As/ Billions of US Dollars	Year-on-Year Growth Rate/%	Share/%
2004	3. 00	—	54. 4
2005	6. 50	116. 7	53. 0
2006	8. 25	26. 9	39. 0
2007	6. 30	-23. 6	23. 8
2008	30. 20	379. 4	54. 0
2009	19. 20	-36. 4	34. 0
2010	29. 70	54. 7	43. 2
2011	27. 20	-8. 4	36. 4
2012	43. 40	59. 6	31. 4
2013	52. 90	21. 9	31. 3
2014	56. 90	7. 6	26. 4
2015	54. 44	-4. 3	25. 6
2016	135. 33	148. 6	44. 1
2017	119. 62	-11. 6	21. 1
2018	74. 23	-37. 9	21. 7
2019	34. 28	-53. 8	12. 6
2020	28. 20	-17. 7	10. 7
2021	31. 83	12. 9	11. 4
2022	20. 06	-37. 0	9. 3

Note: The amount of M&A in 2012-2022 includes overseas financing. The share refers to the proportion of direct investment in total flows.

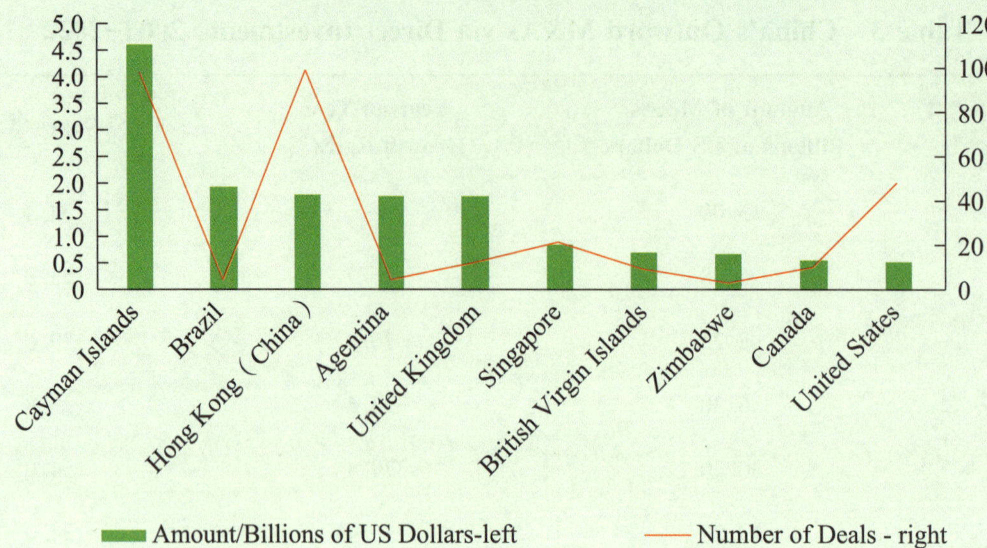

Figure 7 Top 10 Destinations of Chinese Enterprises' Cross-border M&As in 2022 (by Value of M&As)

Table 4 Industrial Distributions of China's Cross-border M&As, 2022

Industry	Number of Deals	Amount/ Billions of US Dollars	Share of Amount /%
Mining	20	5. 43	27. 1
Manufacturing	119	4. 21	21. 0
Scientific Research and Technical Services	104	2. 57	12. 8
Information Transmission/Software and Information Technology Services	61	1. 94	9. 7
Production and Supply of Electricity/Heat/Gas and Water	33	1. 58	7. 9
Agriculture/Forestry/Animal Husbandry and Fishery	9	1. 51	7. 5
Transportation/Storage and Postal Services	18	0. 67	3. 3
Finance	4	0. 57	2. 8
Wholesale and Retail Trade	72	0. 57	2. 8
Leasing and Business Services	26	0. 37	1. 8
Water Conservancy/Environment and Public Facilities Management	1	0. 30	1. 5
Health and Social Work	6	0. 13	0. 7
Accommodation and Catering	1	0. 10	0. 5
Education	2	0. 06	0. 3
Others	7	0. 05	0. 3
Total	**483**	**20. 06**	**100. 0**

In 2022, Chinese enterprises' cross-border M&As involve 17 industrial sectors, including mining, manufacturing, scientific research and technical services, etc. In terms of the amount of M&As, mining ranked first with $5.43 billion and 20 projects. Manufacturing industry ranked second with $4.21 billion, involving 119 projects. Scientific research and technical services ranked third with $2.57, involving 104 projects.

In 2022, Chinese enterprises' outward cross-border M&As were distributed in 56 countries (regions) in the world. In terms of the amount of M&As, the Cayman Islands, Brazil, Hong Kong (China), Argentina, the United Kingdom, Singapore, the British Virgin Islands, Zimbabwe, Canada and the United States ranked top 10.

In 2022, Chinese enterprises carried out 118 M&A projects in countries jointly building "the Belt and Road", amounting to $5.52 billion. Among the countries involved, Argentina, Singapore, Zimbabwe, Republic of Korea, Kazakhstan, and Indonesia attracted M&A investment of more than $300 million from Chinese enterprises.

2.1.3 Reinvested earnings accounted for nearly half of the total, while the equity investment increased by 15%.

In terms of the composition of outward FDI flows, in 2022, the operation of overseas enterprises was in good condition, and around 70% of them were profitable or break-even. The reinvested earnings of the year (i.e., newly added retained earnings) was $80.38 billion, which reached a record second-highest level, accounting for 49.3% of China's outward FDI flows in the same period.

In 2022, the equity investment was more active than the previous year, and the new equity investment was $61.13 billion, with a year-on-year increase of 15%, accounting for 37.5% of the total flows. The new equity increased by 7.8 percentage points compared with the previous year. The debt instrument investment (only involving foreign non-financial enterprises) was $21.61 billion, with a decrease of 18.1%, accounting for 13.2%.

Table 5 Composition of China's Outward FDI Flows, 2006-2022

Year	Flows	New Equity Investment		Current invested earnings		Debt Instrument investment	
		Amount/ Billions of US Dollars	Share/%	Amount/ Billions of US Dollars	Share/%	Amount/ Billions of US Dollars	Share/%
2006	21. 16	5. 17	24. 4	6. 65	31. 4	9. 34	44. 2
2007	26. 51	8. 69	32. 8	9. 79	36. 9	8. 03	30. 3
2008	55. 91	28. 36	50. 7	9. 89	17. 7	17. 66	31. 6
2009	56. 53	17. 25	30. 5	16. 13	28. 5	23. 15	41. 0
2010	68. 81	20. 64	30. 0	24. 01	34. 9	24. 16	35. 1
2011	74. 65	31. 38	42. 0	24. 46	32. 8	18. 81	25. 2
2012	87. 80	31. 14	35. 5	22. 47	25. 6	34. 19	38. 9
2013	107. 84	30. 73	28. 5	38. 32	35. 5	38. 79	36. 0
2014	123. 12	55. 73	45. 3	44. 4	36. 1	22. 99	18. 6
2015	145. 67	96. 71	66. 4	37. 91	26. 0	11. 05	7. 6
2016	196. 15	114. 13	58. 2	30. 66	15. 6	51. 36	26. 2
2017	158. 29	67. 99	42. 9	69. 64	44. 0	20. 66	13. 1
2018	143. 04	70. 40	49. 2	42. 53	29. 7	30. 11	21. 1
2019	136. 92	48. 35	35. 3	60. 63	44. 3	27. 94	20. 4
2020	153. 71	63. 03	41. 0	71. 64	46. 6	19. 04	12. 4
2021	178. 82	53. 15	29. 7	99. 30	55. 5	26. 37	14. 8
2022	163. 12	61. 13	37. 5	80. 38	49. 3	21. 61	13. 2

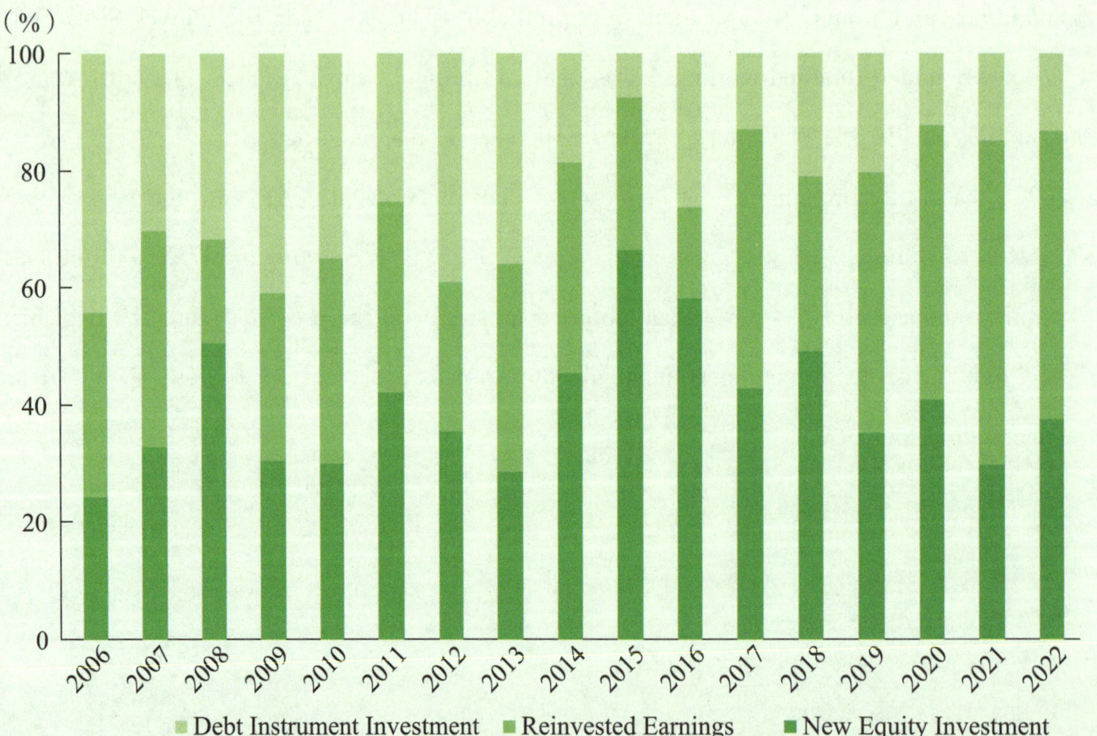

Figure 8 Composition of China's Outward FDI Flows, 2006-2022

2.1.4 The investment covered a wide range of fields, with the six major sectors accounting for nearly 90% of the investments.

In 2022, China's outward FDI flows covered 18 industry categories of the national economy. Among them, the investment in **leasing and business services**, **manufacturing**, **finance**, **wholesale and retail trade**, **mining**, **and transportation/storage and postal services industries** all exceeded $10 billion. Leasing and business services remained the first, while manufacturing rose from the third place in the previous year to the second place.

Investment in **the leasing and business services sector** was $43.48 billion, with a 11.9% year-on-year decrease, accounting for 26.7% of the total flows of that year, mainly distributed in Hong Kong (China), the British Virgin Islands, Australia, the Cayman Islands, etc.

Investment in **the manufacturing industry** reached $27.15 billion, with an increase of 1% comparing with the previous year, accounting for 16.6%. Investment in this sector mainly flowed to special equipment manufacturing, automobile manufacturing, other manufacturing, computer, communication and other electronic equipment manufacturing, metal products, pharmaceutical manufacturing, non-metallic mineral products, rubber and plastic products, ferrous metal smelting and rolling processing, general equipment manufacturing, electrical machinery and equipment manufacturing, non-ferrous metal smelting and rolling processing, textile, chemical raw materials and chemical products, petroleum/coal and other fuel processing industry, etc. Among them, the investment in equipment manufacturing was $14.61 billion, up 3.5% year on year, accounting for 53.8% of the investment in manufacturing industry.

Flows to **the financial industry** were $22.12 billion, with a year-on-year decrease of 17.5%, accounting for 13.6%. In 2022, the direct investment of domestic investors in China's financial industry to overseas financial enterprises reached $22.27 billion; domestic investors in China's non-financial industry invested −$150 million in overseas financial enterprises.

The wholesale and retail trade industry received $21.17 billion, with a year-on-year decrease of 24.8%, accounting for 13%. Investment flows mainly went to Hong Kong (China), Singapore, the British Virgin Islands, the United States, the Netherlands, the United Kingdom, Macao (China), Sweden, Vietnam, Malaysia, etc.

Investment in **the mining industry** in 2022 was $15.1 billion, with a year-on-year increase of 79.5%, accounting for 9.3% of the total flows.

The transportation/storage and postal services industry received $15.04 billion, with a year-on-year increase of 23%, accounting for 9.2% of the total flows.

The total investments in the above six areas were $144.06 billion, accounting for 88.3% of the total flows.

In addition, investment in **the production and supply of electricity/heat/gas and water** in 2022 was $5.45 billion, with a year-on-year increase of 24.1%, accounting for 3.3% of the total flows.

The scientific research and technical services industry received $4.82 billion, with a 4.9% year-on-year decrease, accounting for 3% of the total flows.

The real estate industry received $2.21 billion, with a 46.1% year-on-year decrease, accounting for 1.4% of the total flows.

The information transmission/software and information technology services industry received $1.69 billion, with a 67.1% year-on-year decrease, accounting for 1% of the total flows.

The culture/sports and entertainment industry received $1.53 billion, which was 17 times higher than the previous year, accounting for 0.9% of the total flows.

The construction industry industry received $1.45 billion, with a year-on-year decrease of 68.6%, accounting for 0.9% of the total flows.

The resident services/repairs and other services industry received $680 million, accounting for 0.4% of the total flows.

Investments in **the agriculture/forestry/animal husbandry and fishery industry** reached $510 million, accounting for 0.3% of the total flows.

Table 6 Industrial Distribution of China's Outward FDI Flows, 2022

Industry	Flows/ Billions of US Dollars	Year-on-Year Growth Rate /%	Share/%
Total	**163. 12**	**-8. 8**	**100. 0**
Leasing and Business Services	43. 48	-11. 9	26. 7
Manufacturing	27. 15	1. 0	16. 6
Finance	22. 12	-17. 5	13. 6
Wholesale and Retail Trade	21. 17	-24. 8	13. 0
Mining	15. 10	79. 5	9. 3
Transportation/Storage and Postal Services	15. 04	23. 0	9. 2
Production and Supply of Electricity/Heat/Gas and Water	5. 45	24. 1	3. 3
Scientific Research and Technical Services	4. 82	-4. 9	3. 0
Real Estate	2. 21	-46. 1	1. 4
Information Transmission/Software and Information Technology Services	1. 69	-67. 1	1. 0
Culture/Sports and Entertainment	1. 53	1600. 0	0. 9
Construction	1. 45	-68. 6	0. 9
Resident Services/Repairs and Other Services	0. 68	-62. 4	0. 4
Agriculture/Forestry/Animal Husbandry and Fishery	0. 51	-45. 2	0. 3
Health and Social Work	0. 29	-14. 7	0. 2
Education	0. 24	700. 0	0. 1
Water/Environment and Public Facilities Management	0. 18	-18. 2	0. 1
Accommodation and Catering	0. 01	-96. 3	—

2. 1. 5 Over 70% of the investment flows went to the Asian region, while investments in North America and Oceania experienced rapid growth.

In 2022, FDI flows to **Asia** were $124. 28 billion, representing a decrease of 3% compared with the previous year. It accounted for 76. 2% of the total FDI outflows in that year, an increase of 4. 6 percentage points from the previous year. Among them, investment in Hong Kong (China) was $97. 53 billion, with a 3. 6% year-on-year decrease, accounting for 78. 5% of investment in Asia; investment in the 10 ASEAN countries amounted to $18. 65 billion, with a year-on-year decrease of 5. 5%, accounting for

15% of investment in Asia.

Investment in **North America** was \$7.27 billion, with a 10.5% year-on-year increase, accounting for 4.5% of FDI flows of the year. Among them, the investment in the United States was \$7.29 billion, with a 30.6% year-on-year increase; investment in Canada was \$150 million, with a year-on-year increase of 83.9%; investment in Bermuda was −\$170 million.

Flows to **Oceania** were \$3.07 billion, with a year-on-year increase of 44.8%, accounting for 1.9% of the FDI outflows that year, mainly going to Australia, Papua New Guinea, New Zealand, etc.

Investment in **Latin America** was \$16.35 billion, with a 37.5% year-on-year decrease, accounting for 10% of FDI outflows that year. The flows mainly went to the British Virgin Islands, the Cayman Islands, Mexico, Peru, Brazil, Chile, Panama, etc.

FDI flows to **Europe** were \$10.34 billion, with a 4.9% year-on-year decrease, accounting for 6.3% of the FDI outflows of the year. Most flows went to Luxembourg, the United Kingdom, Germany, Sweden, Italy, Hungary, Russian Federation, Serbia, Switzerland, Poland, Georgia, etc.

Investment in **Africa** reached \$1.81 billion, with a 63.7% year-on-year decrease, accounting for 1.1% of the FDI flows of the year. Flows mainly went to South Africa, Niger, Congo (DRC), Egypt, Côte d'Ivoire, Zambia, Eritrea, Nigeria, Uganda, Mauritius, Ghana, Zimbabwe, etc.

Table 7 Regional Distribution of China's Outward FDI Flows, 2022

Continent	Amount/Billions of US Dollars	Year-on-Year Growth Rate/%	Share/%
Asia	124.28	-3.0	76.2
Europe	10.34	-4.9	6.3
Africa	1.81	-63.7	1.1
North America	7.27	10.5	4.5
Latin America	16.35	-37.5	10.0
Oceania	3.07	44.8	1.9
Total	**163.12**	**-8.8**	**100.0**

Table 8 Top 20 Countries (Regions) of China's Outward FDI Flows, 2022

Rank	Country (Region)	Flows/Billions of US Dollars	Share of Total/%
1	Hong Kong (China)	97. 53	59. 8
2	British Virgin Islands	9. 12	5. 6
3	Singapore	8. 30	5. 1
4	United States	7. 29	4. 5
5	Cayman Islands	5. 76	3. 5
6	Indonesia	4. 55	2. 8
7	Luxembourg	3. 25	2. 0
8	United Kingdom	2. 82	1. 7
9	Australia	2. 79	1. 7
10	Macao (China)	2. 13	1. 3
11	Germany	1. 98	1. 2
12	Sweden	1. 85	1. 1
13	Vietnam	1. 70	1. 0
14	United Arab Emirates	1. 61	1. 0
15	Malaysia	1. 61	1. 0
16	Thailand	1. 27	0. 8
17	Turkey	0. 75	0. 5
18	South Africa	0. 68	0. 4
19	Cambodia	0. 63	0. 4
20	Niger	0. 57	0. 3
	Total	**156. 19**	**95. 7**

2. 1. 6 The investment of central enterprises and units experienced a significant decrease, while the proportion of local enterprises increased by 3. 3 percentage points.

In 2022, the non-financial outward direct investment by central enterprises and units was $54. 95 billion, with a 14. 5% year-on-year decrease, accounting for 39% of the national non-financial flows. The outward direct investment of local enterprises reached $86. 05 billion, with a year-on-year decrease of 1. 9%, accounting for 61% of the total flows, an increase of 3. 3 percentage points from the previous year. Among them, outflows from the eastern region reached $66. 55 billion, with a 7. 3% year-on-year decrease, accounting for 77. 3% of the local investment outflows; $9. 38 billion was from the central region, with a year-on-year decrease of 6. 5%, accounting for 10. 9%; outflows from the western region amounted to ＄9.35 billion, with a year-on-year increase of 107.3%, accounting for 10.9%; outflows from the three northeast provinces reached ＄770 million, with a decrease of 44.1%, accounting for 0.9%. Zhejiang, Guangdong, Shanghai, Shandong, Beijing, Jiangsu, Tianjin, Sichuan, Jiangxi and Hebei ranked the top 10 in terms of outward direct investment flows, with a total of ＄67.86 billion, accounting for 78.8% of the local outward direct investment flows. Shenzhen's FDI outflows reached ＄5.84 billion, ranking first among the cities separately listed on the state plan, accounting for 50% of the outward FDI of Guangdong.

Table 9 Regional Distribution of China's Local Outward FDI Flows, 2022

Region	Flows/Billions of US Dollars	Share/%	Year-on-Year Growth Rate/%
Eastern region	66.55	77.3	-7.3
Central region	9.38	10.9	-6.5
Western region	9.35	10.9	107.3
Three northeast provinces	0.77	0.9	-44.1
Total	**86.05**	**100.0**	**-1.9**

Note: 1. The eastern region includes: Beijing, Tianjin, Hebei, Shanghai, Jiangsu, Zhejiang, Fujian, Shandong, Guangdong and Hainan.

2. The central region includes Shanxi, Anhui, Jiangxi, Henan, Hubei and Hunan.

3. The western region includes Inner Mongolia, Guangxi, Sichuan, Chongqing, Guizhou, Yunnan, Shaanxi, Gansu, Qinghai, Ningxia, Xinjiang and Tibet.

4. The three northeast provinces include Heilongjiang, Jilin and Liaoning.

Table 10 Top 10 Provinces (Municipalities) in Terms of Local Outward FDI Flows, 2022

No.	Province (Municipality)	Flows/Billions of US Dollars	Share of local flows/%
1	Zhejiang	15.28	17.7
2	Guangdong	11.67	13.6
3	Shanghai	10.66	12.4
4	Shandong	6.46	7.5
5	Beijing	6.00	7.0
6	Jiangsu	5.76	6.7
7	Tianjin	3.31	3.8
8	Sichuan	3.16	3.7
9	Jiangxi	2.80	3.2
10	Hebei	2.76	3.2
	Total	**67.86**	**78.8**

2.1.7 The outward FDI of non-public economic holding entities grew by 1.5%, accounting for over half of the non-financial sector's flow.

Among China's outward non-financial investment flows in 2022, domestic investors with non-public economic holdings invested $70.94 billion, with a year-on-year increase of 1.5%. The amount accounted for 50.3% of the outward non-financial investment flows, which was 4.3 percentage points higher than the previous year. Outward investment by public economic holding entities was $70.06 billion, with a decrease of 14.7% year-on-year, accounting for 49.7%.

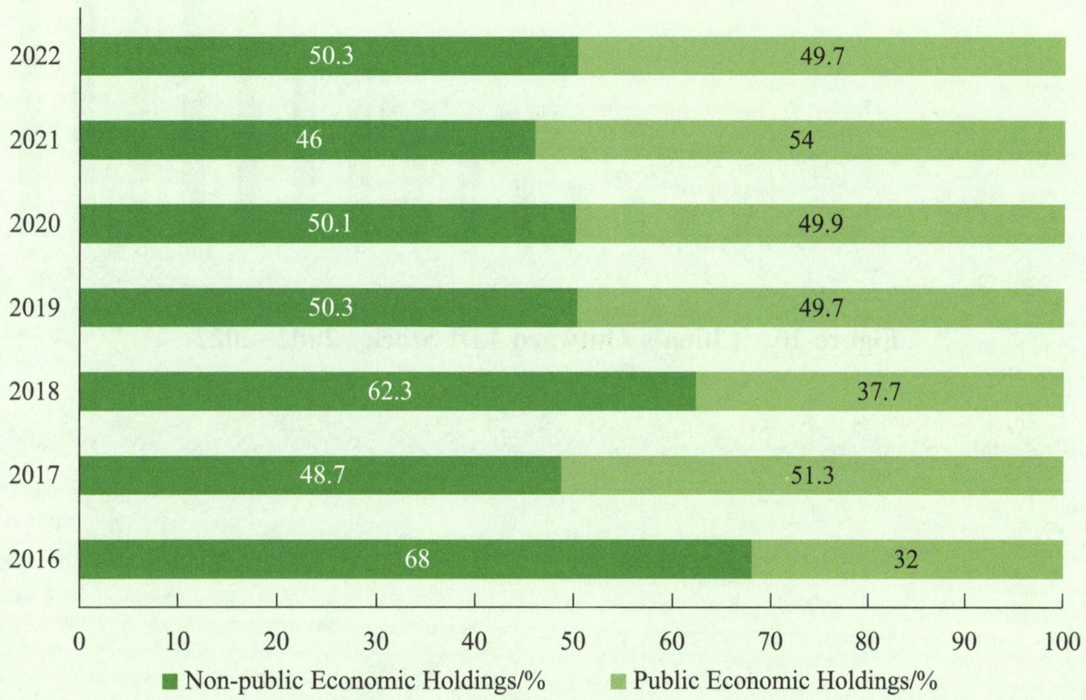

Figure 9 Proportion of Ownership Structure in China's Outward Non-financial Direct Investment Flows from 2016-2022

2.2 China's Outward FDI Stock by the end of 2022

2.2.1 The global ranking and share of China's outward FDI stock.

By the end of 2022, China's outward FDI stock had reached $2754.81 billion, with a decrease of $30.34 billion compared with the end of the previous year⑥, which was 92.1 times that of the end of

⑥ *The World Investment Report* 2023 by UNCTAD reveals that the global stock of FDI decreased by $2.8 trillion compared to the end of the previous year, representing a reduction of 6.6%.

2002. The share of global outward FDI stock increased from 0.4% in 2002 to 6.9% and the ranking climbed from 25th to 3rd, only inferior to the United States ($8 trillion) and the Netherlands ($3.2 trillion). In terms of stock size, there was a big gap between China and the United States, only equivalent to 34.2% of the United States.

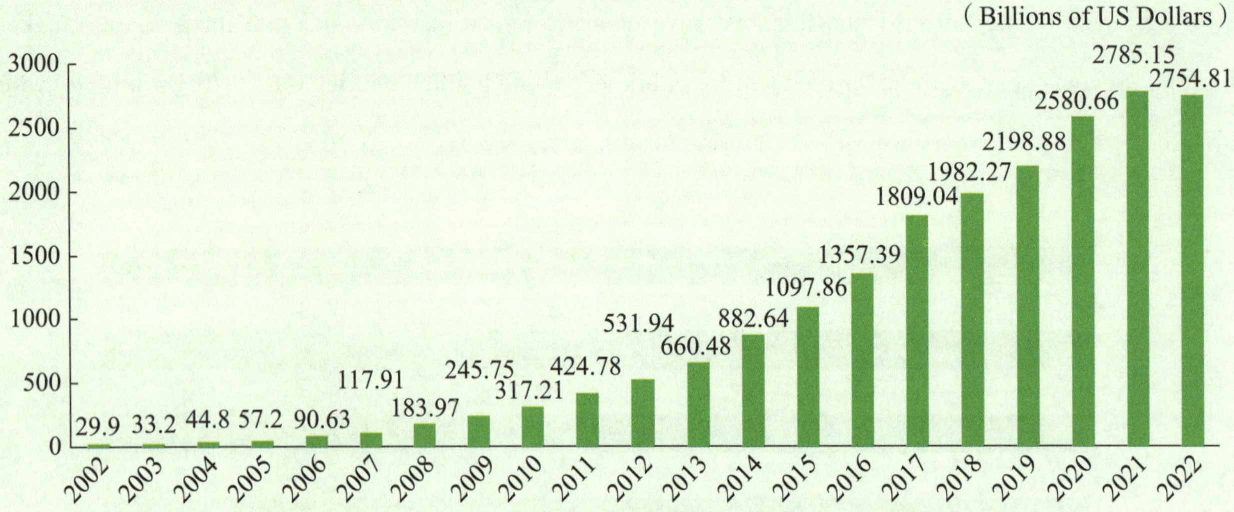

Figure 10 China's Outward FDI Stock, 2002-2022

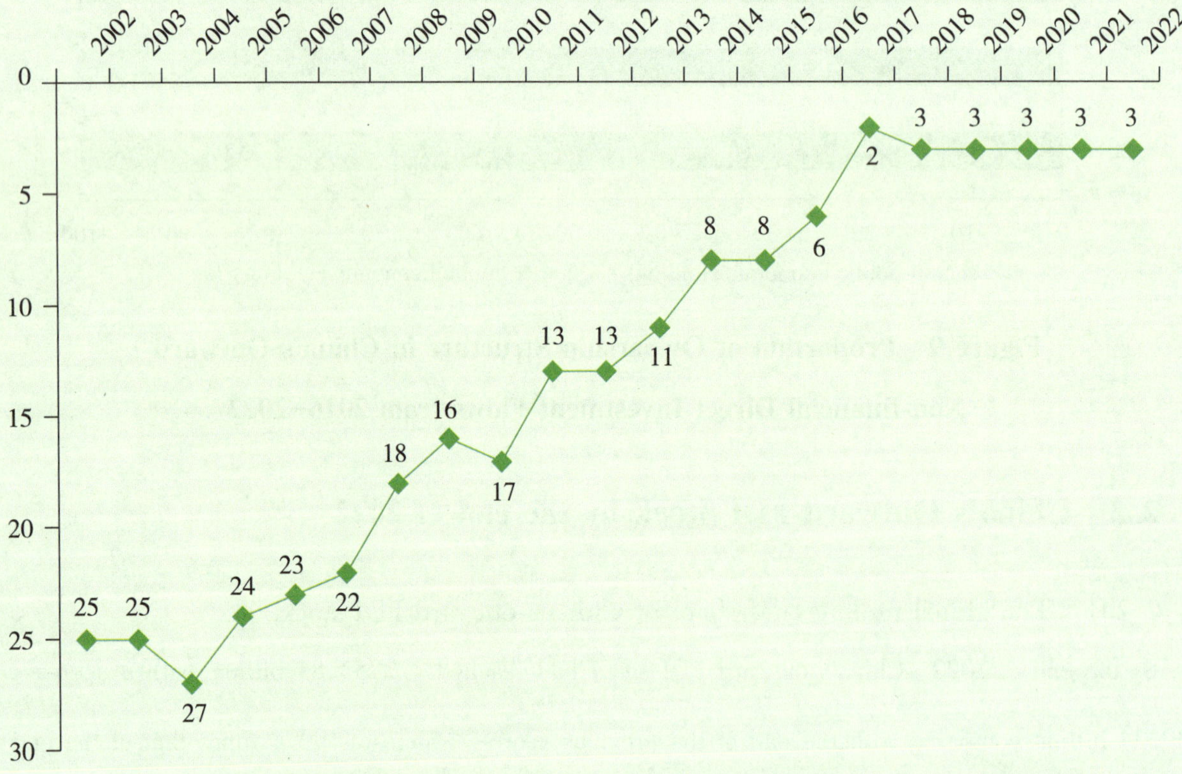

Figure 11 Global Rankings of China's Outward FDI Stock, 2002-2022

Table 11 Countries (regions) with FDI Stock Exceeding $1 trillion, by the End of 2022

Ranking	Countries (Regions)	Stock by the End of 2022/ Billions of US Dollars	Share of the World /%
1	United States	8 048. 1	20. 2
2	Netherlands	3 249. 4	8. 2
3	China	2 754. 8	6. 9
4	United Kingdom	2 203. 1	5. 5
5	Hong Kong(China)	2 054. 6	5. 2
6	Canada	2 033. 0	5. 1
7	Japan	1 948. 6	4. 9
8	Germany	1 929. 0	4. 8
9	Luxembourg	1 626. 5	4. 1
10	Singapore	1 595. 4	4. 0
11	France	1 489. 8	3. 7
12	Switzerland	1 351. 9	3. 4
13	Ireland	1 184. 4	3. 0
	Total	**31 468. 6**	**79. 0**

Note: Data on China's outward FDI in 2022 is from *Statistical Bulletin of China's Outward Foreign Direct Investment*, and data on other countries (regions) is from *the World Investment Report* 2023 by UNCTAD.

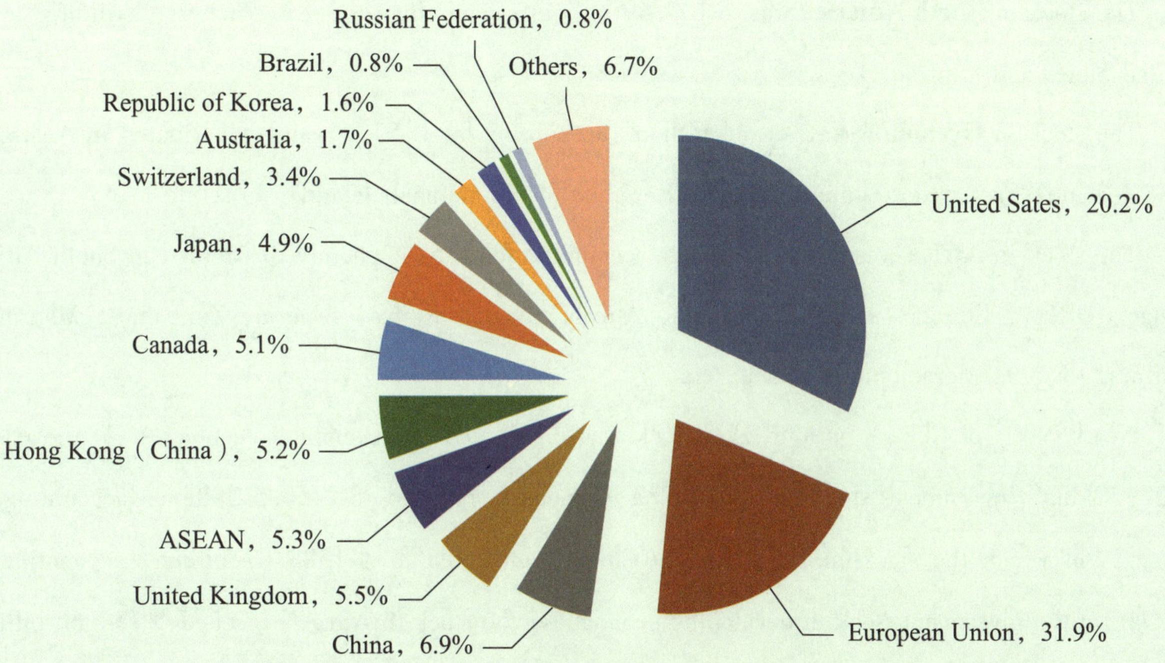

Figure 12 Proportions of Outward FDI Stock of Global Major Economies, by the End of 2022

2.2.2 Country (region) distribution.

At the end of 2022, China's outward FDI stock was distributed in 190 countries (regions), accounting for 81.5% of the total number of countries (regions) in the world.

At the end of 2022, China's outward FDI stock in **Asia** was $1831.86 billion, accounting for 66.5%, mainly distributed in Hong Kong (China), Singapore, Indonesia, Macao (China), Malaysia, United Arab Emirates, Vietnam, Thailand, etc.; Hong Kong (China) accounted for 86.7% of the stock in Asia.

The stock in **Latin America** was $596.15 billion, accounting for 21.6%, mainly distributed in the British Virgin Islands, the Cayman Islands, Brazil, Peru, Argentina, Mexico, Bahamas, Chile, Panama, Jamaica, Venezuela, Ecuador, etc. Among them, the total stock in the British Virgin Islands and the Cayman Islands amounted to $578.79 billion, accounting for 97.1% of the total FDI stock in Latin America.

The stock in **Europe** was $141.07 billion, accounting for 5.1%, mainly distributed in the Netherlands, Luxembourg, the United Kingdom, Sweden, Germany, Russian Federation, Switzerland, France, Italy, Ireland, Spain, Georgia, etc. At the end of 2022, the FDI stock in 17 Central and Eastern European countries was $3.49 billion, accounting for 2.5% of the total investment in Europe.

The stock in **North America** was $103.49 billion, accounting for 3.8%, mainly distributed in the United States and Canada.

The stock in **Oceania** was $41.34 billion, accounting for 1.5%, mainly distributed in Australia, New Zealand, Papua New Guinea, Samoa, Republic of the Marshall Islands, Fiji, etc.

The stock in **Africa** was $40.9 billion, accounting for 1.5%, mainly distributed in South Africa, Congo (DRC), Ethiopia, Nigeria, Zambia, Angola, Niger, Kenya, Algeria, Zimbabwe, Mauritius, Tanzania, Egypt, Mozambique, Ghana, etc.

Nearly 90% of China's outward FDI stock was distributed in developing economies. At the end of 2022, China's investment stock in developing economies reached $2456.5 billion, accounting for 89.2%, of which the stock in Hong Kong (China) amounted to $1588.67 billion, accounting for 64.7% of the investment stock in developing economies; the stock in ASEAN reached $154.66 billion, accounting for 6.3%.

At the end of 2022, China's outward FDI stock in developed economies reached $298.31 billion,

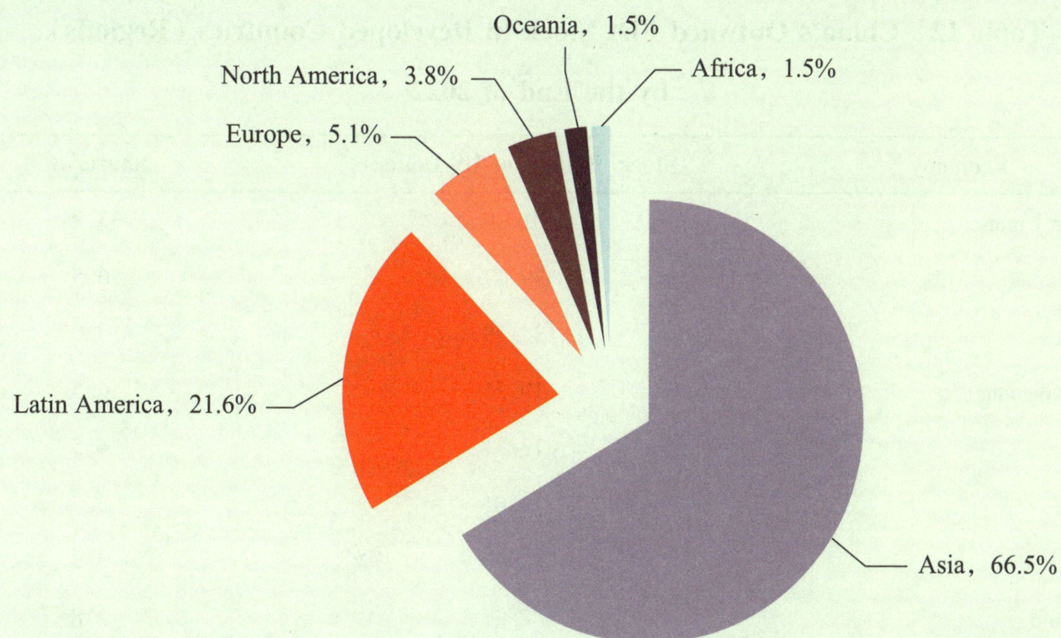

Figure 13 Geographical Distribution of China's Outward FDI Stock, 2022

accounting for 10.8%. Among them, the stock in EU was $101.19 billion, accounting for 33.9% of the total investment stock in developed economies; the United States received $79.17 billion, accounting for 26.5%; Australia received $35.79 billion, accounting for 12%; the United Kingdom received $19.35 billion, accounting for 6.5%; Canada received $13.31 billion, accounting for 4.5%; Bermuda received $11.01 billion, accounting for 3.7%; Russian Federation received $9.9 billion, accounting for 3.3%; Switzerland received $8.27 billion, accounting for 2.8%; Republic of Korea received $6.67 billion, accounting for 2.3%; Japan received $5.08 billion, accounting for 1.7%; Israel received $3.39 billion, accounting for 1.1%; New Zealand received $2.69 billion, accounting for 0.9%.

Table 12 China's Outward FDI Stock in Developed Countries (Regions), by the End of 2022

Economy	Stock/Billions of US Dollars	Share/%
European Union	101. 19	33. 9
United States	79. 17	26. 5
Australia	35. 79	12. 0
United Kingdom	19. 35	6. 5
Canada	13. 31	4. 5
Bermuda	11. 01	3. 7
Russian Federation	9. 90	3. 3
Switzerland	8. 27	2. 8
Republic of Korea	6. 67	2. 3
Japan	5. 08	1. 7
Israel	3. 39	1. 1
New Zealand	2. 69	0. 9
Other countries (regions)	2. 49	0. 8
Total	**298. 31**	**100. 0**

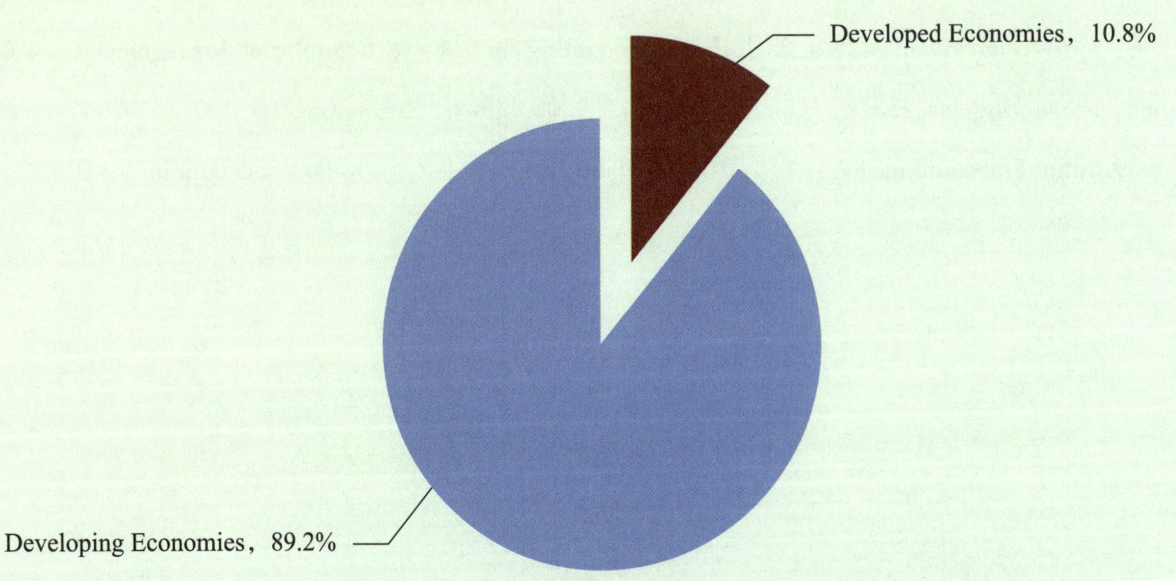

Figure 14 Composition of China's Outward FDI Stock in Economies, by the End of 2022

At the end of 2022, the stock in the top 20 countries (regions) in terms of China's outward FDI stock totaled $2579.09 billion, which accounted for 93.6% of China's outward FDI stock. They are Hong Kong (China), the British Virgin Islands, the Cayman Islands, the United States, Singapore, Australia, the Netherlands, Indonesia, Luxembourg, the United Kingdom, Sweden, Germany, Canada, Macao (China), Malaysia, United Arab Emirates, Vietnam, Bermuda, Thailand and the Russian Federation.

Table 13 Top 20 Countries (Regions) as Destinations of China's Outward FDI Stock, by the End of 2022

No.	Country (Region)	Stock/Billions of US Dollars	Share/%
1	Hong Kong(China)	1 588.67	57.7
2	British Virgin Islands	367.28	13.3
3	Cayman Islands	211.51	7.7
4	United States	79.17	2.9
5	Singapore	73.45	2.7
6	Australia	35.79	1.3
7	Netherlands	28.30	1.0
8	Indonesia	24.72	0.9
9	Luxembourg	20.55	0.7
10	United Kingdom	19.35	0.7
11	Sweden	18.67	0.7
12	Germany	18.55	0.7
13	Canada	13.31	0.5
14	Macao(China)	12.69	0.5
15	Malaysia	12.05	0.4
16	United Arab Emirates	11.88	0.4
17	Vietnam	11.66	0.4
18	Bermuda	11.01	0.4
19	Thailand	10.57	0.4
20	Russian Federation	9.90	0.3
	Total	**2 579.09**	**93.6**

2.2.3 Industrial distribution.

(1) Distribution in national economy industries.

By the end of 2022, China's outward FDI covered all sectors of the national economy, and there were six industries with a stock size of over $100 billion.

The leasing and business services sector topped the list with $1073.74 billion, accounting for 39% of China's outward FDI stock, including foreign investment activities focusing on investment holding, which were mainly distributed in Hong Kong (China), the British Virgin Islands, the Cayman Islands, Singapore, Australia, the United States, the United Kingdom, Luxembourg, etc.

The wholesale and retail sector ranked second with $361.59 billion, accounting for 13.1%.

The financial industry received $303.9 billion, accounting for 11%.

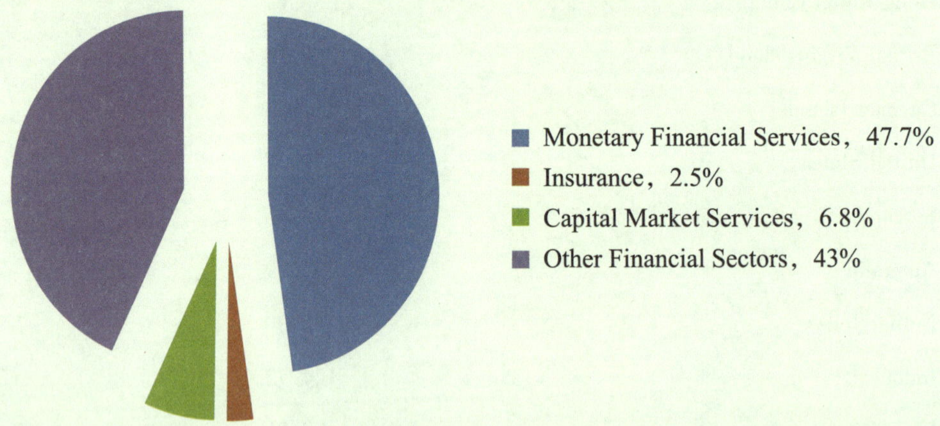

Figure 15 Composition of China's Outward FDI Stock in the Financial Sector, by the End of 2022

The manufacturing industry received $268.0 billion, accounting for 9.7%. The stock is mainly distributed in automobile manufacturing, computer, communications and other electronic equipment manufacturing, special equipment manufacturing, other manufacturing, pharmaceutical manufacturing, non-metallic mineral products, etc. Among them, the stock in the automobile manufacturing industry was $63.18 billion, accounting for 23.6% of the investment stock in the manufacturing industry.

The mining industry received $210.13 billion, accounting for 7.6%. The stock is mainly distributed in oil and natural gas mining, non-ferrous metal mining, ferrous metal mining, coal mining, etc.

The information transmission/software and information technology services sector received $138.49 billion, accounting for 5%, and was the area with high concentration from outward investment by Chinese natural persons.

The total stock in the above six industries was $2355.86 billion, accounting for 85.5% of China's outward FDI stock. The distribution of other major industries was as follows:

The transportation/storage and postal services sector received $96.84 billion, accounting for 3.5%, mainly distributed in water transportation, multimodal transportation and transportation agency, air transportation, pipeline transportation, etc.

The real estate industry received $88.03 billion, accounting for 3.2%.

The production and supply of electricity/heat/gas and water industry received $54.8 billion, accounting for 2%, mainly distributed in electricity, heat production and supply industry.

The construction industry received $51.2 billion, accounting for 1.9% of the total investment, mainly distributed in civil engineering, housing construction, construction installation, building decoration and other construction industries.

The scientific research and technical services industry received $44.56 billion, accounting for 1.6% of the total, mainly distributed in science and technology promotion and application services, professional technical services, research, experiment and development, etc.

The agriculture/forestry/animal husbandry and fishery industry received $18.71 billion, accounting for 0.7% of the total. This investment primarily focused on professional and auxiliary activities in agriculture/forestry/animal husbandry and fishery, along with agriculture and forestry.

The resident services/repairs and other services sector received $14.15 billion, accounting for 0.5%. Most of the stock was in other services and resident services.

The culture/sports and entertainment sector received $11.21 billion, accounting for 0.4% of the total.

The education sector received $9.38 billion, accounting for 0.4% of the total.

The accommodation and catering industry received $3.83 billion, accounting for 0.2% of the total.

The health and social work sector received $3.34 billion, accounting for 0.1%.

The water conservancy/environment and public facility management sector received $2.91 billion, accounting for 0.1%.

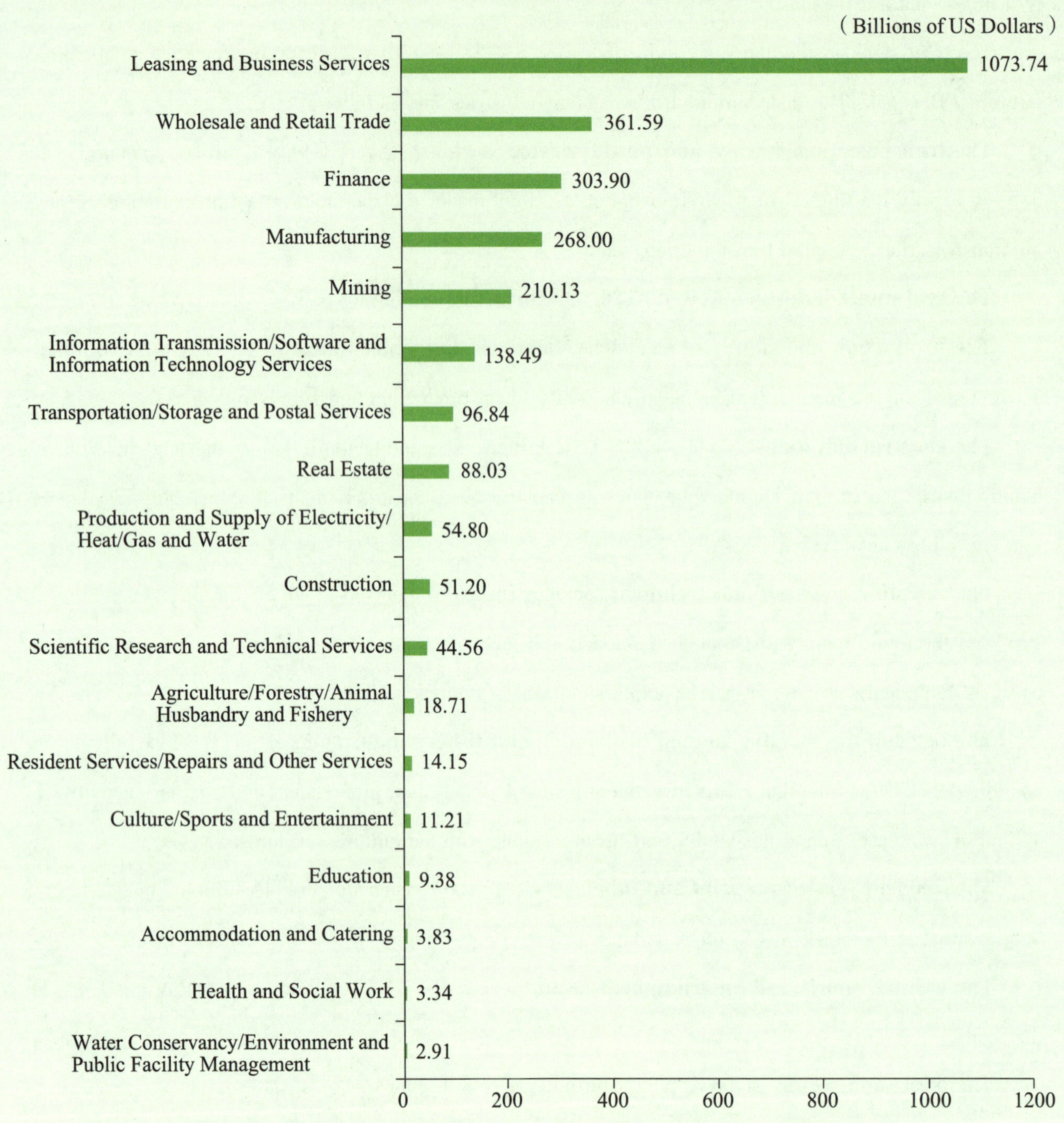
(Billions of US Dollars)
Leasing and Business Services 1073.74
Wholesale and Retail Trade 361.59
Finance 303.90
Manufacturing 268.00
Mining 210.13
Information Transmission/Software and Information Technology Services 138.49
Transportation/Storage and Postal Services 96.84
Real Estate 88.03
Production and Supply of Electricity/Heat/Gas and Water 54.80
Construction 51.20
Scientific Research and Technical Services 44.56
Agriculture/Forestry/Animal Husbandry and Fishery 18.71
Resident Services/Repairs and Other Services 14.15
Culture/Sports and Entertainment 11.21
Education 9.38
Accommodation and Catering 3.83
Health and Social Work 3.34
Water Conservancy/Environment and Public Facility Management 2.91
0
200
400
600
800
1000
1200

Figure 16 Industrial Distribution of China's Outward FDI Stock, by the End of 2022

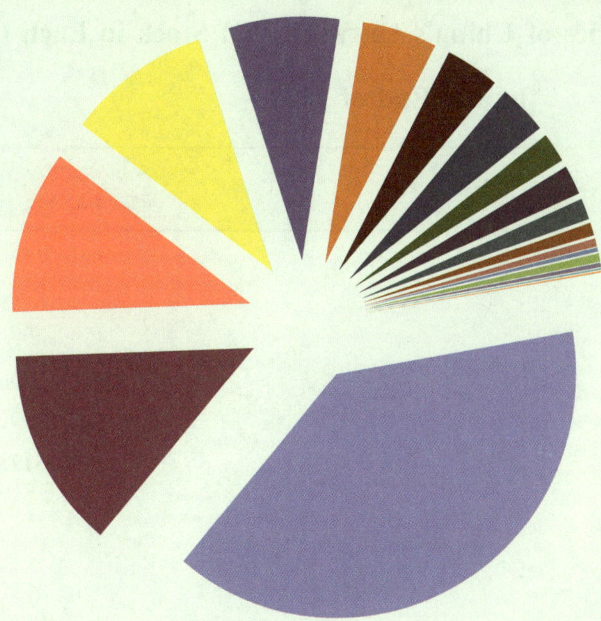

- Leasing and Business Services, 39%
- Wholesale and Retail Trade, 13.1%
- Finance, 11%
- Manufacturing, 9.7%
- Mining, 7.6%
- Information Transmission/Software and Information Technology Services, 5%
- Transportation/Storage and Postal Services, 3.5%
- Real Estate, 3.2%
- Production and Supply of Electricity/Heat/Gas and Water, 2%
- Construction, 1.9%
- Scientific Research and Technical Services, 1.6%
- Agriculture/Forestry/Animal Husbandry and Fishery, 0.7%
- Resident Services/Repairs and Other Services, 0.5%
- Culture/Sports and Entertainment, 0.4%
- Education, 0.4%
- Accommodation and Catering, 0.2%
- Health and Social Work, 0.1%
- Water Conservancy/Environment and Public Facility Management, 0.1%

Figure 17 Industrial Weightings of China's Outward FDI Stock, by the End of 2022

According to the distribution of industries in different regions, China's outward FDI in various regions is highly concentrated.

Table 14 Top 5 Industries of China's Outward FDI Stock in Each Continent, by the End of 2022

Continent	Industry	Stock/Billions of US Dollars	Share/%
Asia	Leasing and Business Services	778. 61	42. 5
	Wholesale and Retail Trade	272. 84	14. 9
	Finance	209. 57	11. 4
	Manufacturing	136. 13	7. 4
	Mining	119. 92	6. 6
	Subtotal	**1 517. 07**	**82. 8**
Africa	Construction	13. 62	33. 3
	Mining	9. 72	23. 8
	Manufacturing	5. 06	12. 4
	Finance	4. 40	10. 7
	Leasing and Business Services	2. 16	5. 3
	Subtotal	**34. 96**	**85. 5**
Europe	Manufacturing	47. 91	34. 0
	Finance	21. 82	15. 5
	Mining	21. 01	14. 9
	Leasing and Business Services	13. 78	9. 7
	Real Estate	7. 48	5. 3
	Subtotal	**112. 00**	**79. 4**
Latin America	Leasing and Business Services	263. 71	44. 2
	Information Transmission/Software and Information Technology Services	83. 69	14. 0
	Wholesale and Retail Trade	72. 18	12. 1
	Manufacturing	47. 74	8. 0
	Finance	44. 34	7. 5
	Subtotal	**511. 66**	**85. 8**
North America	Manufacturing	28. 66	27. 7
	Mining	19. 67	19. 0
	Finance	19. 66	19. 0
	Leasing and Business Services	8. 06	7. 8
	Wholesale and Retail Trade	7. 26	7. 0
	Subtotal	**83. 31**	**80. 5**
Oceania	Mining	17. 44	42. 2
	Leasing and Business Services	7. 41	17. 9
	Finance	4. 12	10. 0
	Real Estate	2. 84	6. 8
	Manufacturing	2. 50	6. 1
	Subtotal	**34. 31**	**83. 0**

(2) **Distribution in three industries.**

At the end of 2022, nearly 80% of China's outward FDI stock was concentrated in the tertiary industry (i. e. service industry), with the amount of $2163. 69 billion, mainly distributed in leasing and business services, wholesale and retail trade, finance, information transmission/software and information technology services, transportation/storage and postal services, real estate, etc. The secondary industry received $579. 35 billion, accounting for 21% of China's outward FDI stock. Among them, the manufacturing industry (excluding metal products, machinery and equipment repair industry) received $267. 82 billion, accounting for 46. 2% of the secondary industry; the mining industry (excluding mining auxiliary activities) received $205. 52 billion, accounting for 35. 5%; the production and supply of electricity/heat/gas and water sector received $54. 8 billion, accounting for 9. 5%; the construction industry received $51. 2 billion, accounting for 8. 8%. The primary industry (the agriculture/forestry/animal husbandry and fishery industry, but excluding agriculture/forestry/animal husbandry and fishery services) received $11. 77 billion, accounting for 0. 4% of China's outward FDI stock.

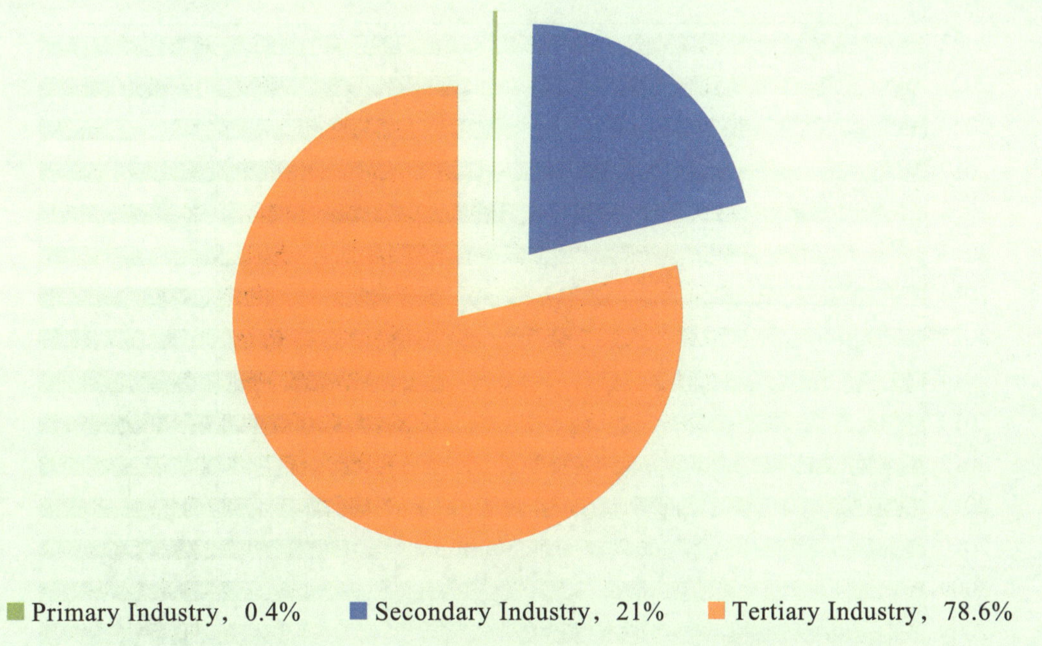

Figure 18 Industrial Distribution of China's Outward FDI Stock in Three Industries, by the End of 2022

2. 2. 4 Classified by types of industrial and commercial administration registration of domestic investors.

At the end of 2022, among the $2450. 91 billion non-financial outward FDI stock, state-owned enterprises accounted for 52. 4%; non-state enterprises accounted for 47. 6%, including 11% of incorporated companies, 10.2% of limited liability companies, 6.8% of private enterprises, 4.7% of self-employed companies, 3% of foreign-invested enterprises, 1.7% of Hong Kong/Macao and Taiwan-invested enterprises, 0.4% of joint-stock cooperative enterprises, 0.4% of collective enterprises, and 9.4% of others.

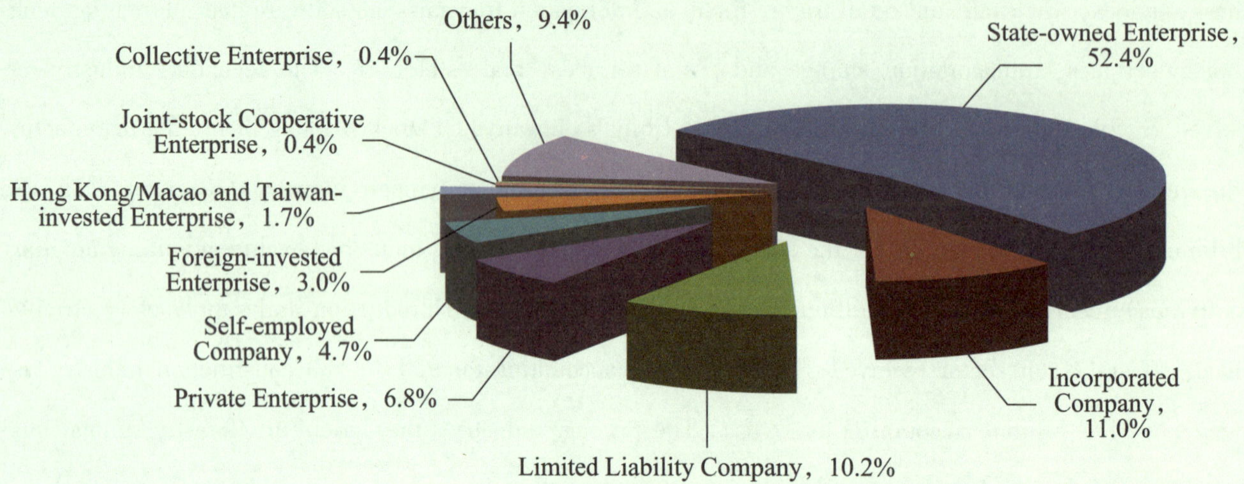

Figure 19 Distribution of China's Non-financial Outward FDI Stock, by Registration Types of Domestic Investor, by the End of 2022

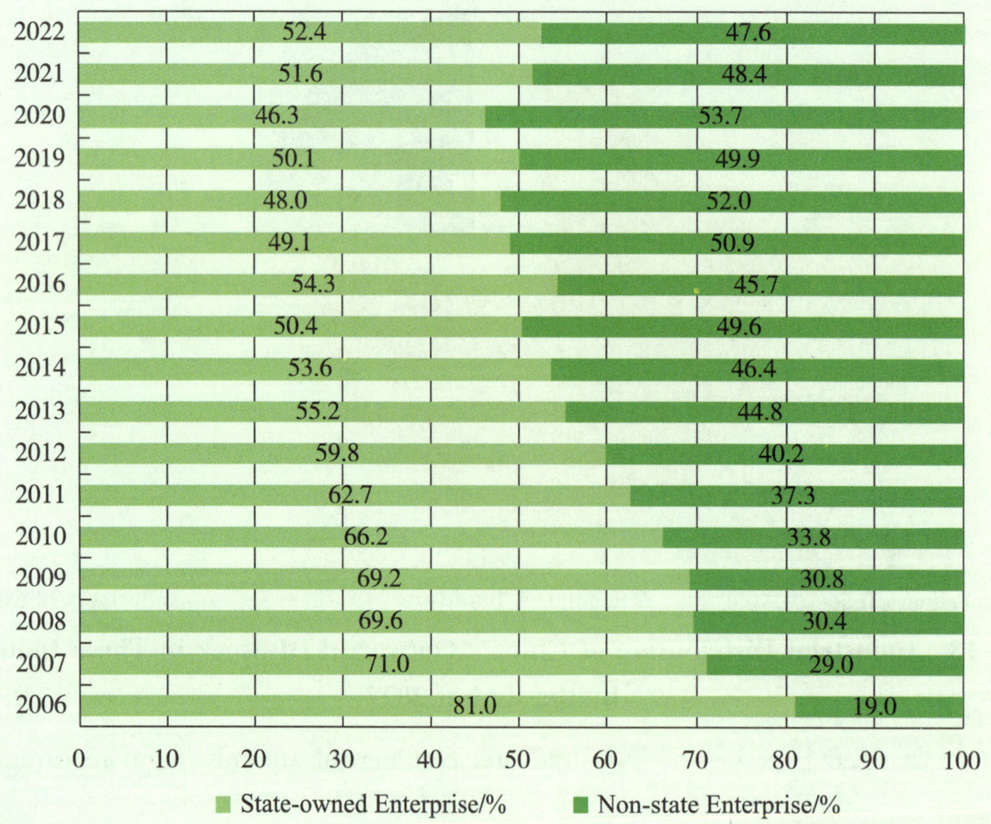

Figure 20 Proportions of State-owned Enterprises and Non-state Enterprises in China's Outward FDI Stock, 2006-2022

2.2.5 Distribution of provinces and cities.

At the end of 2022, non-financial outward FDI stock by local enterprises reached $932.88 billion, accounting for 38.1% of China's total non-financial outward FDI stock. Among them, $761.64 billion came from eastern China, accounting for 81.6%; $77.89 billion came from western China, accounting for 8.4%; $74.1 billion came from central China, accounting for 7.9%; $19.25 billion came from three provinces in northeastern China, accounting for 2.1%. Guangdong was the largest province as the source of outward FDI stock with $179.99 billion, followed by Shanghai with $162.74 billion, and Zhejiang, Beijing, Shandong, Jiangsu, Tianjin, Fujian, Anhui, Henan, etc. Among the five cities separately listed on the state plan, Shenzhen ranked first with $104.22 billion, accounting for 57.9% of Guangdong's outward FDI stock, while Ningbo ranked second with $29.46 billion, accounting for 28.7% of Zhejiang's stock.

Table 15 Top 10 Provinces (Municipalities) as Sources of China's Outward FDI Stock, by the End of 2022

No.	Province (Municipality)	Stock/Billions of US Dollars
1	Guangdong	179.99
2	Shanghai	162.74
3	Zhejiang	102.81
4	Beijing	101.54
5	Shandong	69.92
6	Jiangsu	63.62
7	Tianjin	26.10
8	Fujian	25.81
9	Anhui	19.86
10	Henan	18.42
	Total (accounting for 82.6% of China's local outward FDI stock)	**770.81**

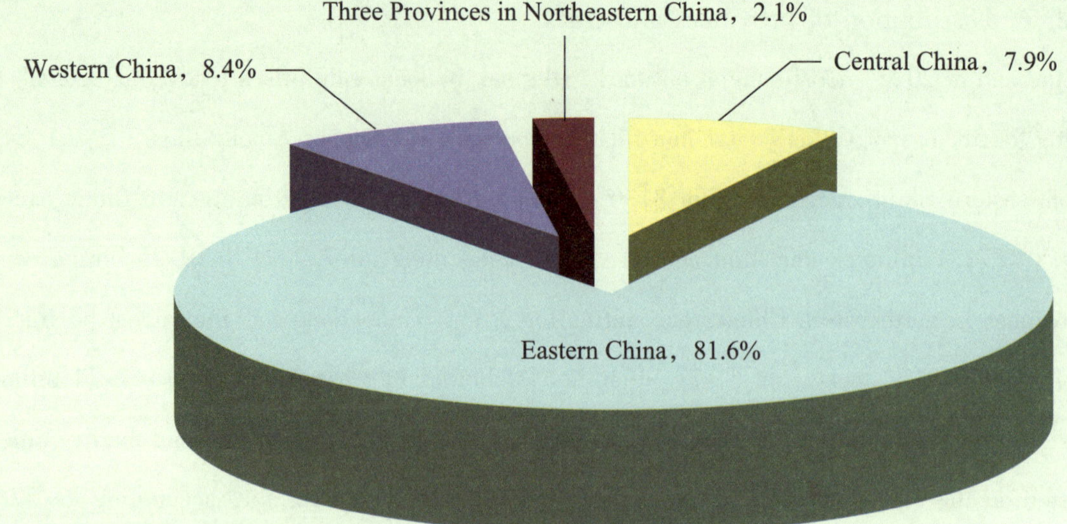

Figure 21 Regional Weightings of China's Outward FDI Stock by Local Enterprises, by the End of 2022

3. China's Outward FDI to Major Economies in the World

Table 16 China's Outward FDI to Major Economies in the World, 2022

Economy	Flows			Stock	
	Amount/ Billions of US Dollars	Year-on-Year Growth Rate/%	Share/%	Amount/ Billions of US Dollars	Share/%
Hong Kong (China)	97.53	-3.6	59.8	1 588.67	57.6
ASEAN	18.65	-5.5	11.4	154.66	5.6
European Union	6.90	-12.2	4.2	101.19	3.7
United States	7.29	30.6	4.5	79.17	2.9
Australia	2.79	44.9	1.7	35.79	1.3
Total	**133.16**	**-2.3**	**81.6**	**1 959.48**	**71.1**

3.1 Outward FDI from the Chinese Mainland to Hong Kong (China)

In 2022, outward FDI flows from the Chinese mainland to Hong Kong (China) reached $97.53 billion, with a 3.6% year-on-year decrease, accounting for 59.8% of China's total outward FDI flows that year and nearly 80% of the total flows to Asia.

From the perspective of industrial distribution, the investment flows to the leasing and business services industry were $35.48 billion, with a year-on-year decrease of 5.1%, accounting for 36.4%, ranking first; the wholesale and retail industry received $13.58 billion, with a year-on-year decrease of 37.8%, accounting for 13.9%, ranking second; the transportation, storage and postal services industry received $12.18 billion, with a year-on-year increase of 37.5%, accounting for 12.5%; the mining industry received $11.95 billion, with a year-on-year increase of 191.6%, accounting for 12.3%; the manufacturing industry received $7.84 billion, with a year-on-year increase of 25.8%, accounting for 8%; flows to the financial industry reached $7.34 billion, with a year-on-year decrease of 44.4%, accounting for 7.5%; the real estate industry received $1.92 billion, with a year-on-year decrease of 53.8%, accounting for 2%.

By the end of 2022, the Chinese mainland had established over 15 thousand overseas enterprises in Hong Kong (China), with a stock of $1588.67 billion, accounting for more than half of the Chinese mainland's total outward FDI stock and 86.7% of the stock in Asia. In terms of industrial distribution, the leasing and business services sector received $753.26 billion, accounting for 47.4% of the total; the wholesale and retail trade sector received $241.91 billion, accounting for 15.2%; the financial sector received $180.57 billion, accounting for 11.4%; the mining industry received $99.5 billion, accounting for 6.3%; the manufacturing industry received $73.71 billion, accounting for 4.6%; the real estate industry received $67.82 billion, accounting for 4.3%; the transportation/storage and postal services industry received $61.29 billion, accounting for 3.9%; the information transmission/software and information technology service industry received $40.05 billion, accounting for 2.5%; the production and supply of electricity/heat/gas and water sector received $24.74 billion, accounting for 1.6%; the scientific research and technical services sector received $10.93 billion, accounting for 0.7%; the construction industry received $10.21 billion, accounting for 0.6%; the resident services/repairs and other services sector received $8.54 billion, accounting for 0.5%; the culture/sports and entertainment industry accounted for 0. 5%; agriculture/forestry/animal husbandry and fishery for 0. 2%; water conservancy/environment and public facility management for 0. 1%; other industries accounted for 0. 2%.

Table 17 Industrial Distribution of Outward FDI From the Chinese Mainland to Hong Kong (China), 2022

Industry	Flows/ Millions of US Dollars	Share/%	Stock/ Millions of US Dollars	Share/%
Leasing and Business Services	35 483. 71	36. 4	753 264. 79	47. 4
Wholesale and Retail Trade	13 577. 27	13. 9	241 909. 82	15. 2
Finance	7 335. 81	7. 5	180 573. 29	11. 4
Mining	11 947. 10	12. 3	99 501. 60	6. 3
Manufacturing	7 843. 95	8. 0	73 714. 10	4. 6
Real Estate	1 915. 88	2. 0	67 817. 84	4. 3
Transportation/Storage and Postal Services	12 182. 58	12. 5	61 290. 76	3. 9
Information Transmission/Software and Information Technology Services	1 631. 57	1. 7	40 048. 46	2. 5
Production and Supply of Electricity/Heat/Gas and Water	1 294. 61	1. 3	24 737. 48	1. 6
Scientific Research and Technical Services	1 308. 93	1. 3	10 934. 99	0. 7
Construction	1 278. 41	1. 3	10 212. 43	0. 6
Resident Services/Repairs and Other Services	96. 26	0. 1	8 536. 17	0. 5
Culture/Sports and Entertainment	1 516. 16	1. 6	8 217. 47	0. 5
Agriculture/Forestry/Animal Husbandry and Fishery	-99. 70	-0. 1	2 888. 39	0. 2
Water Conservancy/Environment and Public Facility Management	84. 77	0. 1	2 045. 38	0. 1
Others	136. 92	0. 1	2 980. 88	0. 2
Total	**97 534. 23**	**100. 0**	**1 588 673. 84**	**100. 0**

3.2 China's Outward FDI in ASEAN

In 2022, China's outward FDI flows to ASEAN amounted to \$18.65 billion, with a year-on-year decrease of 5.5%, accounting for 11.4% of the total flows of the year and 15% of the total flows to Asia. The year-end stock was \$154.66 billion, accounting for 5.6% of the total stock and 8.4% of the stock in Asia. By the end of 2022, China had set up more than 6.5 thousand overseas enterprises in ASEAN, employing more than 660 thousand foreign employees.

In terms of the industrial distribution of China's outward FDI flows, the first target industry for investment was manufacturing industry which received \$8.21 billion, with a year-on-year decrease of 4.7% and accounting for 44% of the total, mainly to Indonesia, Vietnam, Singapore and Malaysia. The wholesale and retail trade sector ranked second with \$4.2 billion, with a year-on-year increase of 32.4%, accounting for 22.5%, mainly flowing to Singapore. The mining sector ranked third with \$1.81 billion, with a year-on-year increase of 235.5%, accounting for 9.7%, mainly to Singapore and Indonesia. Flows to the production and supply of electricity, heat, gas and water industry increased by 8.6% to \$1.58 billion, accounting for 8.5%, mainly to Indonesia, Malaysia and Singapore. The financial industry received \$940 million, with a year-on-year increase of 44%, accounting for 5%, mainly flowing to Singapore. The leasing and business services received \$600 million, with a 72% decrease compared with the previous year, accounting to 3.2%, mainly flowing to Indonesia and Cambodia. The information transmission/software and information technology service industry received \$410 million, with a year-on-year increase of 2.7%, accounting for 2.2%, mainly flowing to Singapore. Flows to the education sector reached \$220 million, accounting for 1.2% of the total flows, mainly flowing to Singapore, while the flow was negative in the same period last year. The resident services/repairs and other services sector received \$200 million, with a year-on-year decrease of 66.9%, accounting for 1.1%, mainly flowing to Singapore. Flows to the construction industry reached \$160 million, with a 72.9% year-on-year decrease, accounting for 0.9%, mainly to Singapore and Vietnam. The transportation/storage, and postal services industry received \$150 million, with a year-on-year decrease of 85.4%, accounting for 0.8%, mainly to Singapore and the Philippines.

In terms of the country distribution of China's outward FDI flows, Singapore ranked first with \$8.3 billion, with a year-on-year decrease of 1.3%, accounting for 44.5% of the total flows to ASEAN, mainly invested in wholesale and retail trade industry, manufacturing industry, etc.; followed by Indonesia with ＄4.55 billion, with a year-on-year increase of 4%, accounting for 24.4%, mainly invested in manufacturing, mining, production and supply of electricity/heat/gas and water industry, etc. Vietnam ranked third with ＄1.7 billion, with a year-on-year decrease of 22.9%, accounting for 9.1%, mainly invested in manufacturing industry, wholesale and retail trade industry, etc.

In terms of the industrial structure of China's outward FDI stock, ＄49.28 billion was invested in manufacturing, accounting for 31.9%, mainly distributed in Indonesia, Singapore, Vietnam, Thailand, Malaysia, etc. The wholesale and retail trade industry received ＄24.77 billion, accounting for 16%, mainly distributed in Singapore, Malaysia, Thailand, etc. The leasing and business services industry received ＄22.49 billion, accounting for 14.5%, mainly distributed in Singapore, Indonesia, Laos, etc. The production and supply of electricity/heat/gas and water sector received ＄14.48 billion, accounting for 9.4%, mainly distributed in Singapore, Indonesia, Malaysia, Myanmar, Vietnam, etc. The construction industry received ＄9.51 billion, accounting for 6.1%, mainly distributed in Cambodia, Indonesia, Singapore, Laos, Malaysia, etc. The financial industry received ＄8.08 billion, accounting for 5.2%, mainly distributed in Singapore, Thailand, Indonesia, Malaysia, etc. The transportation, storage and postal services industry received ＄6.0 billion, accounting for 3.9%, mainly distributed in Singapore, Laos, etc. The mining industry received ＄5.73 billion, accounting for 3.7%, mainly distributed in Indonesia, Singapore, Myanmar, etc. The agriculture/forestry/animal husbandry and fishery sector received ＄5.28 billion, accounting for 3.4%, mainly distributed in Laos, Singapore, Indonesia, Cambodia, etc. The information transmission/software and information technology service industry received ＄3.41 billion, accounting for 2.2%, mainly distributed in Singapore. The real estate industry received ＄1.55 billion, accounting for 1%, mainly distributed in Singapore, Indonesia, Laos, etc.

In terms of the country composition of the stock, China's outward FDI stock in Singapore ranked first, reaching ＄73.45 billion, accounting for 47.5% of the total investment in ASEAN, mainly distributed in the leasing and business services industry, wholesale and retail trade industry, manufacturing, finance, etc.; followed by Indonesia with ＄24.72 billion, accounting for 16%, mainly distributed in manufacturing, production and supply of electricity/heat/gas and water industry, mining, etc. Malaysia ranked third with ＄12.05 billion, accounting for 7.8%, mainly invested in manufacturing, production and supply of electricity/heat/gas and water industry, construction, wholesale and retail trade industry, etc.

Table 18 Major Industries of China's Outward FDI to ASEAN, 2022

Industry	Flows/ Millions of US Dollars	Share/%	Stock/ Millions of US Dollars	Share/%
Manufacturing	8 214. 72	44. 0	49 283. 69	31. 9
Wholesale and Retail Trade	4 199. 84	22. 5	24 767. 67	16. 0
Leasing and Business Services	601. 00	3. 2	22 485. 21	14. 5
Production and Supply of Electricity/Heat/Gas and Water	1 578. 12	8. 5	14 482. 66	9. 4
Construction	158. 59	0. 9	9 508. 99	6. 1
Finance	935. 86	5. 0	8 080. 88	5. 2
Transportation/Storage and Postal Services	149. 49	0. 8	6 002. 97	3. 9
Mining	1 814. 55	9. 7	5 733. 14	3. 7
Agriculture/Forestry/Animal Husbandry and Fishery	76. 57	0. 4	5 281. 77	3. 4
Information Transmission/Software and Information Technology Services	412. 68	2. 2	3 411. 51	2. 2
Real Estate	78. 66	0. 4	1 545. 95	1. 0
Resident Services/Repairs and Other Services	199. 27	1. 1	1 419. 06	0. 9
Scientific Research and Technical Services	−128. 43	−0. 7	1 315. 25	0. 9
Water Conservancy/Environment and Public Facilities Management	68. 32	0. 4	416. 57	0. 3
Education	216. 17	1. 2	381. 40	0. 2
Others	73. 40	0. 4	545. 91	0. 4
Total	**18 648. 81**	**100. 0**	**154 662. 63**	**100. 0**

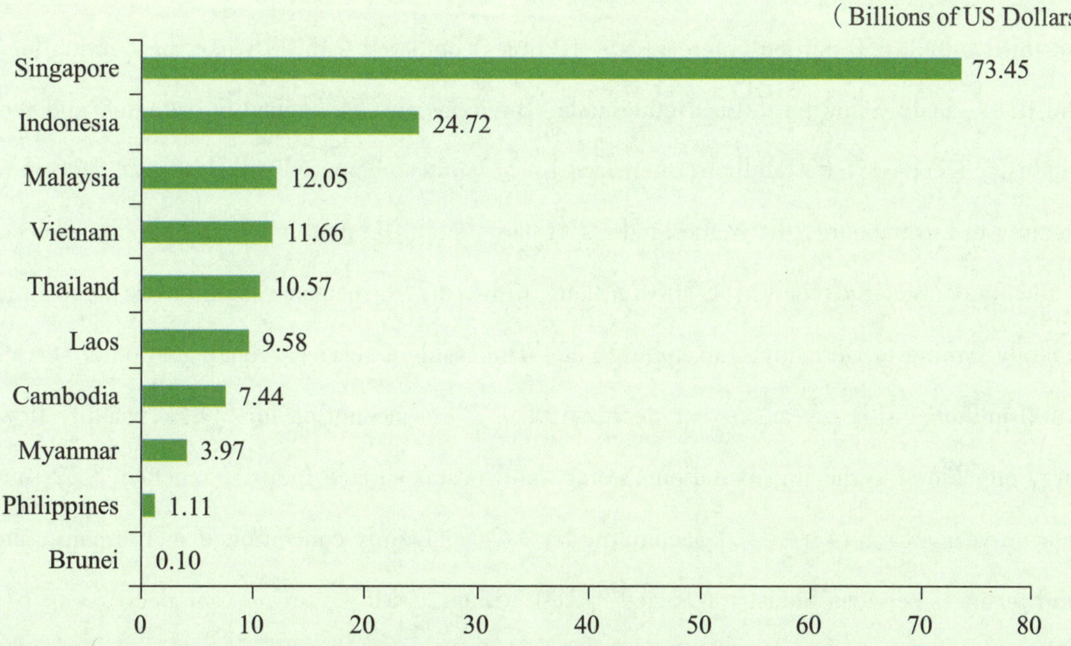

Figure 22 China's Outward FDI Stock in 10 Countries of ASEAN, by the End of 2022

3.3 China's Outward FDI to the European Union

In 2022, China's outward FDI flows to the EU reached \$6.9 billion, down 12.2% year-on-year and accounting for 4.2% of the total flows. By the end of 2022, China had set up more than 2.8 thousand FDI enterprises in the EU, covering all 27 member states of the EU and employing over 270 thousand foreign employees.

In terms of the country distribution of China's outward FDI flows, Luxembourg ranked first with \$3.25 billion, with a year-on-year increase of 116.8%, accounting for 47.1% of the investment flows to the EU, mainly invested in finance, scientific research and technical services, resident services/repairs and other services, manufacturing, etc.; followed by Germany with \$1.98 billion, with a year-on-year decrease of 27%, accounting for 28.7%, mainly invested in manufacturing, production and supply of electricity/heat/gas and water, etc. Sweden ranked third with \$1.85 billion, up 44.5% year-on-year, accounting for 26.8%, mainly invested in manufacturing, wholesale and retail trade industry, etc.

In terms of the overall industrial distribution of China's outward FDI flows, the first target of Chinese enterprises' investment in EU in 2022 was manufacturing, which received \$3.86 billion, with a year-on-year increase of 4.6%, accounting for 56%, mainly flowing to the Sweden, Germany, Luxembourg, etc. The second was the financial sector with \$1.97 billion, with a year-on-year increase of 76.6%, accounting for 28.6%, concentrated in Luxembourg, Germany and Ireland. The wholesale and retail trade industry ranked third with \$650 million, increased by 10 times compared with last year, accounting for 9.4% of the total flows, mainly flowing to the Netherlands, Sweden, etc. The scientific research and technical services industry received \$630 million, increased by 2.7 times compared with last year, accounting for 9.2%, mainly to Luxembourg, the Netherlands, Germany, etc. The production and supply of electricity/heat/gas and water industry received \$560 million, with a 42% year-on-year increase, accounting for 8.1%, mainly flowing to Germany, Luxemburg, etc. The resident services/repair and other services received \$400 million, with a year-on-year decrease of 9.7%, accounting for 5.8%, mainly flowing to Luxemburg, etc. Flows to the transportation, storage and postal service industry reached \$220 million, with a year-on-year growth of 67.7%, accounting for 3.2%, mainly concentrated in Germany, etc. The leasing and business services industry received \$180 million, with a year-on-year decrease of 61.2%, accounting for 2.6%, mainly concentrated in Germany, Belgium, Luxemburg, etc. Flows to the construction industry amounted to $60 million, accounting for 0.9%. The agriculture/forestry/animal husbandry and fishery industry received $50 million, accounting for 0.7%.

By the end of 2022, China's outward FDI stock in the EU reached $101.19 billion, accounting for 3.7% of China's outward FDI stock. The countries with more than $10 billion in stock were the Netherlands, Luxemburg, Sweden and Germany. Among them, the investment in the Netherlands topped the list, reaching $28.3 billion, accounting for 28% of the outward FDI stock in the EU, mainly invested in the mining industry, manufacturing, information transmission, software and information technology services industry, wholesale and retail trade industry, etc.; followed by Luxemburg with $20.55 billion, accounting for 20.3%, mainly invested in the financial industry, manufacturing, leasing and business services industry, etc. Sweden ranked third with $18.67 billion, accounting for 18.5%, mainly invested in manufacturing, real estate, accommodation and catering, etc.

In terms of the industrial distribution of stock, the manufacturing sector received $34.34 billion, accounting for 34%, mainly distributed in Sweden, Germany, the Netherlands, Luxembourg, Italy, etc. The mining industry received $18.13 billion, accounting for 17.9%, mainly distributed in the Netherlands, Luxemburg, etc. The financial industry received $13.82 billion, accounting for 13.7%, mainly distributed in Luxembourg, Germany, France, Italy etc. The leasing and business services industry received $8.81 billion, accounting for 8.7%, mainly distributed in Luxemburg, Germany, France, the Netherlands, Ireland, etc. The real estate industry received $6.32 billion, accounting for 6.3%, mainly distributed in Sweden, Germany, etc. The wholesale and retail trade industry received $4.8 billion, accounting for 4.7%, mainly distributed in France, Germany, the Netherlands, Luxembourg, Italy, etc. The information transmission/software and information technology services industry received $4.59 billion, accounting for 4.5%, mainly concentrated in the Netherlands, Germany, etc. The production and supply of electricity/heat/gas and water industry received $3.18 billion, accounting for 3.1%, mainly distributed in Luxembourg, Germany, Spain, etc. The scientific research and technical services industry received $2.38 billion, accounting for 2.4%, mainly distributed in Luxembourg, Germany, the Netherlands, Italy, etc. The transportation/storage and postal services industry received $1.48 billion, accounting for 1.5%, mainly distributed in Germany, etc. The resident services/repairs and other services received $1.42 billion, accounting for 1.4%, mainly distributed in Luxembourg, Germany, etc.

Table 19 Major Industries of China's Outward FDI to the European Union, 2022

Industry	Flows/ Millions of US Dollars	Share/%	Stock/ Millions of US Dollars	Share/%
Manufacturing	3 864. 41	56. 0	34 344. 88	34. 0
Mining	-306. 96	-4. 4	18 134. 36	17. 9
Finance	1 974. 86	28. 6	13 818. 89	13. 7
Leasing and Business Services	180. 37	2. 6	8 811. 30	8. 7
Real Estate	-0. 01	0. 0	6 324. 68	6. 3
Wholesale and Retail Trade	646. 57	9. 4	4 795. 75	4. 7
Information Transmission/Software and Information Technology Services	-1 374. 08	-19. 9	4 593. 59	4. 5
Production and Supply of Electricity/Heat/Gas and Water	561. 15	8. 1	3 179. 27	3. 1
Scientific Research and Technical Services	634. 31	9. 2	2 381. 19	2. 4
Transportation/Storage and Postal Services	224. 14	3. 2	1 484. 62	1. 5
Resident Services/Repairs and Other Services	397. 94	5. 8	1 416. 30	1. 4
Accommodation and Catering	-28. 76	-0. 4	755. 88	0. 7
Agriculture/Forestry/Animal Husbandry and Fishery	49. 95	0. 7	625. 45	0. 6
Construction	61. 83	0. 9	219. 90	0. 2
Culture/Sports and Entertainment	1. 01	0. 0	163. 11	0. 2
Others	13. 84	0. 2	143. 34	0. 1
Total	**6 900. 58**	**100. 0**	**101 192. 50**	**100. 0**

3. 4 China's Outward FDI to the United States

In 2022, China's outward FDI flows to the United States increased by 30. 6% from the previous year to \$7. 29 billion, accounting for 4. 5% of China's total outward FDI flows that year. The outward FDI stock in the United States reached \$79. 17 billion, accounting for 2. 9% of China's outward FDI stock and 76. 5% of the stock in North America. By the end of 2022, China had established nearly 5. 3 thousand overseas enterprises in the United States, employing more than 76 thousand local employees.

In 2022, China's outward FDI to the United States covered 18 industries of the national economy. In terms of composition, flows to the financial industry reached $3. 29 billion, with a decrease of 10. 4% compared with the previous year, accounting for 45. 1%. The manufacturing sector ranked second with $1. 54 billion, with a year-on-year decrease of 13. 6%, accounting for 21. 1%. The amount of scientific research and technical services industry reached $650 million, with a year-on-year increase of 9. 7%, accounting for 8. 9%. The wholesale and retail trade sector received $590 million, with a year-on-year decrease of 44. 6%, accounting for 8. 1%. The mining industry received $360 million, increasing by 4. 7 times compared with last year, accounting for 4. 9%. Flows to the information transmission/software and information technology services industry reached $310 million, accounting for 4. 3%, while the amount in the previous year was - $1. 83 billion.

In terms of the industrial composition of the stock, it was mainly distributed in the manufacturing sector with $24. 78 billion, accounting for 31. 3% of the total stock; the financial industry received $16. 82 billion, accounting for 21. 3%; the wholesale and retail trade industry received $7. 03 billion, accounting for 8. 9%; the leasing and business services industry received $7 billion, accounting for 8. 8%; the mining industry received $6. 37 billion, accounting for 8%; the scientific research and technical services industry received $3. 98 billion, accounting for 5%; the real estate industry received $3. 34 billion, accounting for 4. 2%; the information transmission/software and information technology services industry received $2. 83 billion, accounting for 3. 6%; the construction industry received $1. 7 billion, accounting for 2. 2%; the culture, sports and entertainment industry received $1. 6 billion, accounting for 2%; the transportation/storage and postal service industry accounted for 1. 3%; the production and supply of electricity/heat/gas and water sector accounted for 0. 8%.

Table 20 Major Industries of China's Outward FDI to the United States, 2022

Industry	Flows/ Millions of US Dollars	Share/%	Stock/ Millions of US Dollars	Share/%
Manufacturing	1 540. 55	21. 1	24 782. 17	31. 3
Finance	3 290. 61	45. 1	16 815. 35	21. 3
Wholesale and Retail Trade	587. 70	8. 1	7 025. 77	8. 9
Leasing and Business Services	121. 72	1. 7	7 002. 63	8. 8
Mining	358. 41	4. 9	6 368. 72	8. 0
Scientific Research and Technical Services	647. 70	8. 9	3 981. 44	5. 0
Real Estate	54. 32	0. 7	3 344. 77	4. 2
Information Transmission/Software and Information Technology Services	313. 12	4. 3	2 831. 51	3. 6
Construction	132. 20	1. 8	1 700. 62	2. 2
Culture/Sports and Entertainment	11. 94	0. 2	1 597. 00	2. 0
Transportation/Storage and Postal Services	270. 19	3. 7	1 006. 02	1. 3
Production and Supply of Electricity/Hea/Gas and Water	12. 23	0. 2	652. 70	0. 8
Agriculture/Forestry/Animal Husbandry and Fishery	52. 27	0. 7	522. 49	0. 7
Accommodation and Catering	-165. 80	-2. 3	469. 21	0. 6
Education	4. 56	0. 1	432. 99	0. 5
Others	60. 36	0. 8	638. 53	0. 8
Total	**7 292. 08**	**100. 0**	**79 171. 90**	**100. 0**

3. 5 China's Outward FDI to Australia

In 2022, China's outward FDI flows to Australia amounted to ＄2. 79 billion, increased by 44. 9% from the previous year, accounting for 1. 7% of the total flows and over 90% of the investment flows to Oceania. From the perspective of sector distribution, flows concentrated primarily in the following industries: the leasing and business services industry received ＄1. 91 billion, accounting for 68. 7%; the mining sector received ＄590 million, accounting for 21. 2%; the financial industry received ＄450 million, accounting for 16. 2%; the health and social work industry received ＄200 million, accounting for 7. 1%; the transportation, storage and postal services sector received ＄90 million, accounting for 3. 2%.

By the end of 2022, China's investment stock in Australia reached $35.79 billion, accounting for 1.3% of China's outward FDI stock and 86.6% of the stock in Oceania. Nearly 900 overseas enterprises were established in Australia, employing more than 25 thousand local employees. In terms of the industrial distribution of the stock, the mining industry received $16.15 billion, accounting for 45.1%; the leasing and business services industry received $7.04 billion, accounting for 19.7%; the financial industry received $3.47 billion, accounting for 9.7%; the real estate industry received $2.6 billion, accounting for 7.2%; the manufacturing industry received $2.16 billion, accounting for 6%; the agriculture/forestry/animal husbandry and fishery received $1.04 billion, accounting for 2.9%; the production and supply of electricity/heat/gas and water industry received $820 million, accounting for 2.3%.

Table 21 Major Industries of China's Outward FDI to Australia, 2022

Industry	Flows/ Millions of US Dollars	Share/%	Stock/ Millions of US Dollars	Share/%
Mining	590.53	21.2	16 152.49	45.1
Leasing and Business Services	1 913.00	68.7	7 035.83	19.7
Finance	451.64	16.2	3 473.75	9.7
Real Estate	-17.64	-0.6	2 595.25	7.2
Manufacturing	-529.41	-19.0	2 163.72	6.0
Agriculture/Forestry/Animal Husbandry and Fishery	19.19	0.7	1 037.70	2.9
Production and Supply of Electricity/Heat/Gas and Water	34.80	1.2	818.62	2.3
Wholesale and Retail Trade	-23.23	-0.8	817.67	2.3
Construction	23.79	0.9	487.87	1.4
Transportation/Storage and Postal Services	89.60	3.2	470.95	1.3
Scientific Research and Technical Services	5.49	0.2	225.61	0.6
Health and Social Work	197.92	7.1	202.02	0.6
Accommodation and Catering	9.30	0.3	108.59	0.3
Resident Services/Repairs and Other Services	0.14	0.0	102.14	0.3
Others	20.76	0.7	96.08	0.3
Total	**2 785.88**	**100.0**	**35 788.29**	**100.0**

4. Structure of China's Outward Foreign Direct Investors

By the end of 2022, the number of China's outward foreign direct investors (hereinafter referred to as "domestic investors") had reached over 29 thousand. In terms of the domestic investors' registration types from the state administration for market regulation, private enterprises accounted for 33.6% of the total, which were the largest and most active groups in China's outward foreign investment. Limited liability companies accounted for 28.7%, ranking second. Incorporated companies accounted for 13.5%. The shares of foreign-invested enterprises, state-owned enterprises, Hong Kong/Macao and Taiwan-invested enterprises, self-employed companies, joint-stock cooperative companies, collective enterprises, associated enterprises and other enterprises reached 5.7%, 5.6%, 4.1%, 2.2%, 1%, 0.3%, 0.1% and 5.2%, respectively.

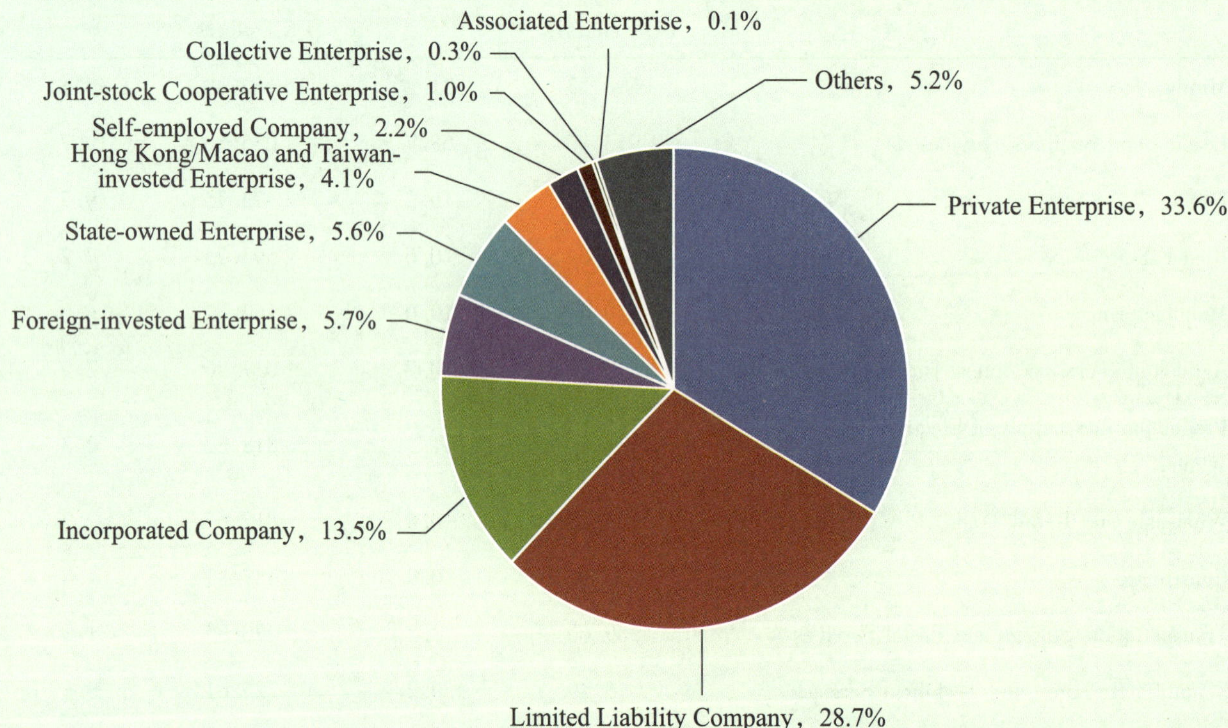

Figure 23 Distribution of Domestic Investors, by Registration Type, by the End of 2022

Table 22 Distribution of Domestic Investors, by Registration Type, by the End of 2022

Type of Business Registration	Number of Firms	Share/%
Private Enterprise	9 835	33.6
Limited Liability Company	8 412	28.7
Incorporated Company	3 951	13.5
Foreign-Invested Enterprise	1 660	5.7
State-Owned Enterprise	1 641	5.6
Hong Kong/Macao and Taiwan-Invested Enterprise	1 190	4.1
Self-Employed Enterprise	643	2.2
Joint-Stock Cooperative Enterprise	301	1.0
Collective Enterprise	104	0.3
Associated Enterprise	40	0.1
Others	1 515	5.2
Total	**29 292**	**100.0**

Among the domestic investors, there were 172 central enterprises and units, accounting for only 0.6%, while local enterprises from all provinces and cities accounted for 99.4%. The top ten provinces and cities in terms of the number of domestic investors were Guangdong, Shanghai, Zhejiang, Beijing, Jiangsu, Shandong, Fujian, Tianjin, Liaoning and Sichuan, accounting for 81.7% of total domestic investors. Guangdong ranked first with nearly 7 thousand domestic investors, accounting for 23.6% of the total. Shanghai ranked second with more than 3.6 thousand domestic investors, accounting for 12.4%. Zhejiang ranked third with more than 3.3 thousand domestic investors, accounting for 11.3%.

In terms of the industrial distribution of domestic investors, domestic investors in the manufacturing industry were the most active entities in outward FDI, accounting for over 30% of domestic investors, and the enterprises were mainly distributed in the computer, communication and other electronic equipment manufacturing, special equipment manufacturing, general equipment manufacturing, pharmaceutical manufacturing, electrical machinery and equipment manufacturing, chemical raw material and chemical products manufacturing, metal products manufacturing, rubber and plastic manufacturing, textile, garment and decoration, automobile manufacturing, etc. The wholesale and retail trade industry ranked second, which accounted for 22. 3%. In addition, the leasing and business services sector accounted for 14. 1%; the information transmission/software and information technology services sector accounted for 9. 4%; the scientific research and technical services sector accounted for 4. 8%; the agriculture/forestry/animal husbandry and fishery sector accounted for 3. 7%; the construction sector accounted for 3%.

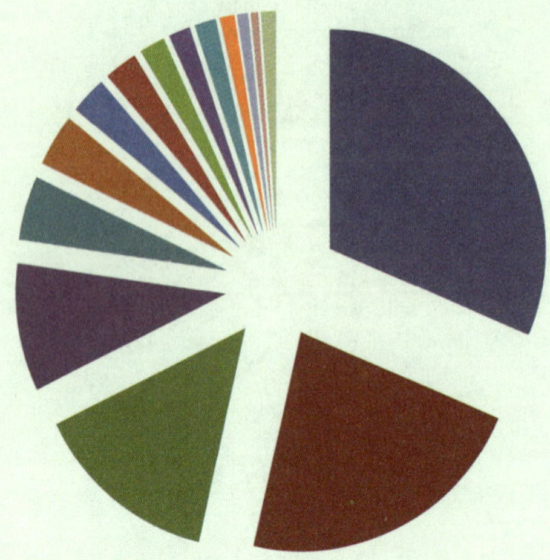

- Manufacturing, 31.4%
- Wholesale and Retail Trade, 22.3%
- Leasing and Business Services, 14.1%
- Information Transmission/Software and Information Technology Services, 9.4%
- Scientific Research and Technical Services, 4.8%
- Agriculture/Forestry/Animal Husbandry and Fishery, 3.7%
- Construction, 3.0%
- Transportation/Storage and Postal Services, 2.4%
- Real Estate, 1.9%
- Mining, 1.7%
- Resident Services/Repairs and Other Services, 1.6%
- Culture/Sports and Entertainment, 1.3%
- Production and Supply of Electricity/Heat/Gas and Water, 0.7%
- Accommodation and Catering, 0.7%
- Others, 1.0%

Figure 24 Industrial Distribution of Domestic Investors, by the End of 2022

Table 23 Industrial Distribution of Domestic Investors, by the End of 2022

Industry	Number of Firms	Share/%
Manufacturing	9 201	31.4
Wholesale and Retail Trade	6 525	22.3
Leasing and Business Services	4 113	14.1
Information Transmission/Software and Information Technology Services	2 751	9.4
Scientific Research and Technical Services	1 415	4.8
Agriculture/Forestry/Animal Husbandry and Fishery	1 081	3.7
Construction	869	3.0
Transportation/Storage and Postal Services	709	2.4
Real Estate	560	1.9
Mining	510	1.7
Resident Services/Repairs and Other Services	468	1.6
Culture/Sports and Entertainment	374	1.3
Production and Supply of Electricity/Heat/Gas and Water	206	0.7
Accommodation and Catering	204	0.7
Others	306	1.0
Total	**29 292**	**100.0**

5. Composition of China's Outward FDI Enterprises

5.1 Country (region) distribution

By the end of 2022, Chinese domestic investors had established 47 thousand FDI enterprises (hereinafter referred to as "overseas enterprises") in 190 countries (regions), increased by nearly 1 thousand enterprises compared with the end of the previous year, covering over 80% of the countries and regions in the world. Among them, the coverage rate of overseas enterprises in Asia, Europe, Africa, North America, Latin America and Oceania was 95.7%, 87.8%, 86.7%, 75%, 67.3% and 58.3% respectively.

Table 24 Distribution of Chinese Overseas Enterprises in Different Continents, by the End of 2022

Continent	Number of Countries (Regions) by the End of 2022	Number of Countries (Regions) Covered by China's Overseas Enterprises	Coverage Rate/%
Asia	48	45	95. 7
Europe	49	43	87. 8
Africa	60	52	86. 7
North America	4	3	75. 0
Latin America	49	33	67. 3
Oceania	24	14	58. 3
Total	**234**	**190**	**81. 5**

Note: 1. Coverage rate refers to the ratio between the number of countries (regions) covered by China's overseas enterprises and the total number of countries (regions) in the region.

2. The number of Asian countries (regions) include China, while the coverage rate does not.

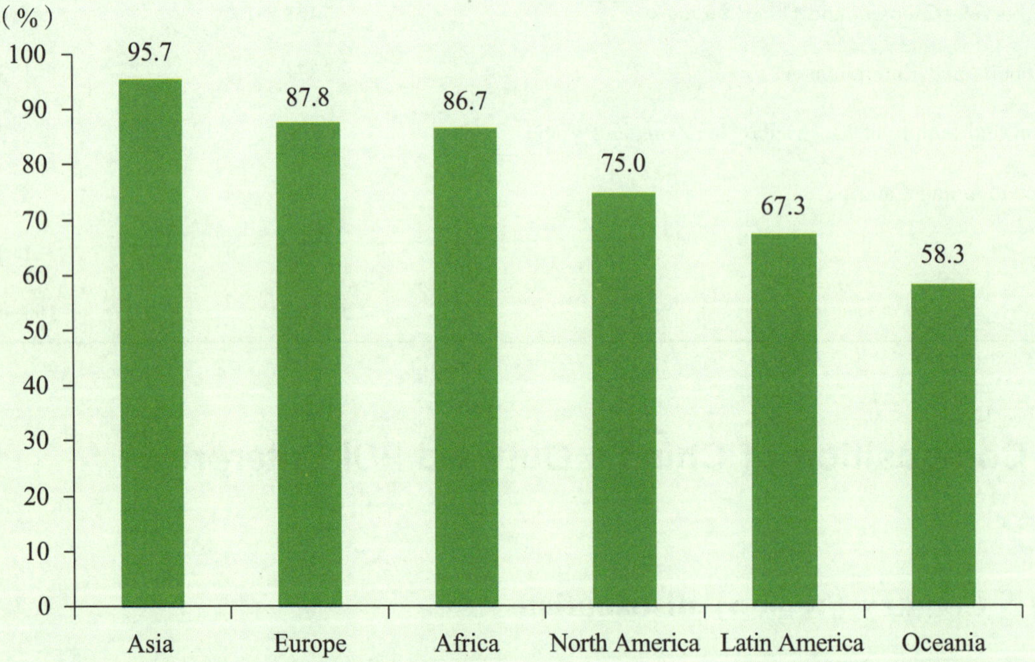

Figure 25 Regional Coverage Rate of China's Overseas Enterprises, by the End of 2022

According to the distribution of overseas enterprises in countries (regions), China established over 27 thousand overseas enterprises in Asia, accounting for 59. 2% of the total, mainly distributed in Hong Kong (China), Singapore, Japan, Vietnam, Indonesia, Malaysia, Republic of Korea, Thailand, Cambodia, Laos, India, Myanmar, United Arab Emirates, etc. The number of overseas enterprises in Hong Kong (China) reached over 15 thousand, accounting for more than 30% of China's overseas enterprises. Hong Kong (China) ranked first in terms of the number of China's overseas enterprises and was the most active region for China's investment.

There were more than 6 thousand overseas enterprises in North America, accounting for 13%, mainly distributed in the United States and Canada. The number of overseas enterprises set up by Chinese enterprises in the United States was second only to Hong Kong (China).

China established over 4.7 thousand overseas enterprises in Europe, accounting for 10.2%, mainly distributed in Germany, the Russian Federation, the United Kingdom, the Netherlands, France, Italy, Luxembourg, Spain, etc.

The overseas enterprises in Latin America amounted to nearly 3.7 thousand, accounting for 7.9%, mainly distributed in the British Virgin Islands, the Cayman Islands, Brazil, Mexico, Peru, Chile, Argentina, Ecuador, Bolivia, etc.

China established over 3.3 thousand overseas enterprises in Africa, accounting for 7.1%, mainly distributed in Ethiopia, Zambia, Nigeria, Kenya, Tanzania, South Africa, Ghana, Angola, Uganda, etc.

There were over 1.2 thousand China's overseas enterprises in Oceania, accounting for 2.6%, mainly distributed in Australia, New Zealand, Papua New Guinea, Samoa, Fiji, etc.

Table 25 Geographical Distribution of China's Overseas Enterprises, by the End of 2022

Continent	Number of Overseas Enterprises	Share/%
Asia	27 548	59.2
North America	6 064	13.0
Europe	4 736	10.2
Latin America	3 673	7.9
Africa	3 323	7.1
Oceania	1 219	2.6
Total	**46 563**	**100.0**

At the end of 2022, the top 20 countries (regions) in terms of the number of China's overseas enterprises were Hong Kong (China), the United States, Singapore, the British Virgin Islands, the Cayman

Islands, Germany, Japan, Vietnam, Russian Federation, Australia, Indonesia, Malaysia, Republic of Korea, Thailand, Canada, Cambodia, Laos, the United Kingdom, India and Myanmar. The total number of China's overseas enterprises located in the above-mentioned countries (regions) amounted to nearly 36 thousand, accounting for 76. 8% of China's total overseas enterprises.

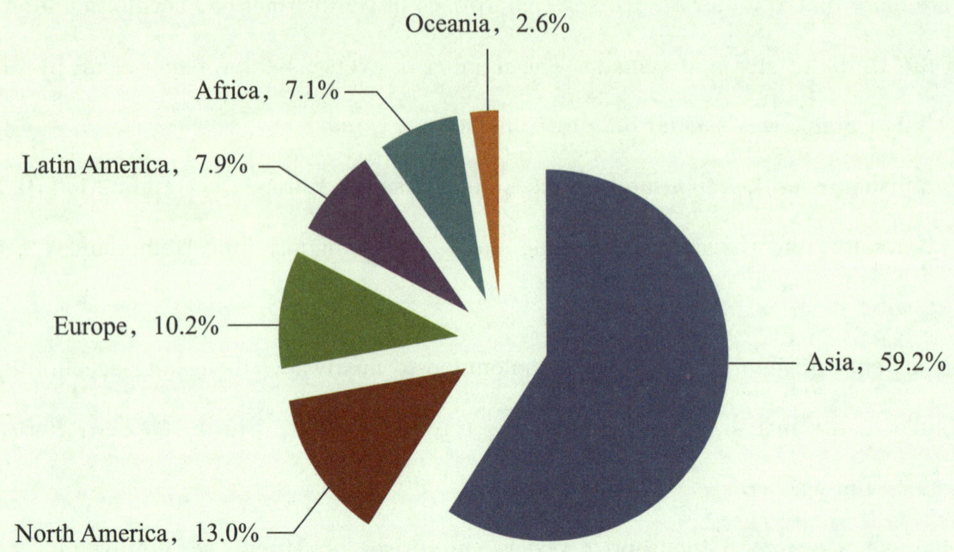

Figure 26 Geographical Distribution of China's Overseas Enterprises, by the End of 2022

5. 2 Industrial Distribution

In terms of the industrial distribution of China's overseas enterprises, the wholesale and retail industry, the manufacturing industry, and the leasing and business service industry were still the most concentrated industries of overseas enterprises, with an accumulated number of more than 27 thousand, accounting for 59. 2% of the total number of overseas enterprises. Among them, more than 12 thousand overseas enterprises were in the wholesale and retail trade sector, accounting for 27% of the total; more than 8. 7 thousand enterprises were in the manufacturing sector, accounting for 18. 7%; over 6 thousand enterprises were in the leasing and business service industries, accounting for 13. 5%. In addition, the shares of the enterprises in the construction sector, the information transmission/software and information technology services sector, the scientific research and technical services sector, the agriculture/forestry, animal husbandry and fishery sector, the transportation/storage and postal services sector, the mining sector, the resident services, repairs and other services sector, the production and supply of electricity/heat/gas and water sector and the financial sector reached 8.3%, 7.4%, 5.8%, 3.8%, 3.1%, 2.8%, 1.8%, 1.7%, 1.7%, respectively.

Table 26 Industrial Distribution of China's Overseas Enterprises, by the End of 2022

Industry	Number of Overseas Enterprises	Share/%
Wholesale and Retail Trade	12 559	27.0
Manufacturing	8 734	18.7
Leasing and Business Services	6 273	13.5
Construction	3 860	8.3
Information Transmission/Software and Information Technology Services	3 451	7.4
Scientific Research and Technical Services	2 725	5.8
Agriculture/Forestry/Animal Husbandry and Fishery	1 762	3.8
Transportation/Storage and Postal Services	1 467	3.1
Mining	1 296	2.8
Resident Services/Repairs and Other Services	823	1.8
Production and Supply of Electricity/Heat/Gas and Water	788	1.7
Finance	801	1.7
Real Estate	727	1.6
Culture/Sports and Entertainment	513	1.1
Accommodation and Catering	315	0.7
Education	212	0.5
Water Conservancy/Environment and Public Facility Management	148	0.3
Health and Social Work	109	0.2
Total	**46 563**	**100.0**

5.3 Provincial Distribution

By the end of 2022, domestic investors had established 46 thousand non-financial overseas enterprises. In terms of the affiliations of the overseas non-financial enterprises, at the end of 2022, local enterprises accounted for 86.8% of the total overseas enterprises, while central enterprises and units accounted for 13.2%. Guangdong, Zhejiang, Shanghai, Beijing, Jiangsu, Shandong, Fujian, Tianjin, Liaoning and Yunnan ranked among the top ten in terms of the number of overseas enterprises, accounting for 70.8% of total overseas enterprises cumulatively. Guangdong had the largest number of overseas enterprises in China, accounting for 18.5% of the total, while Zhejiang was the second, accounting for 10.5% and Shanghai ranked third, accounting for 10.4%.

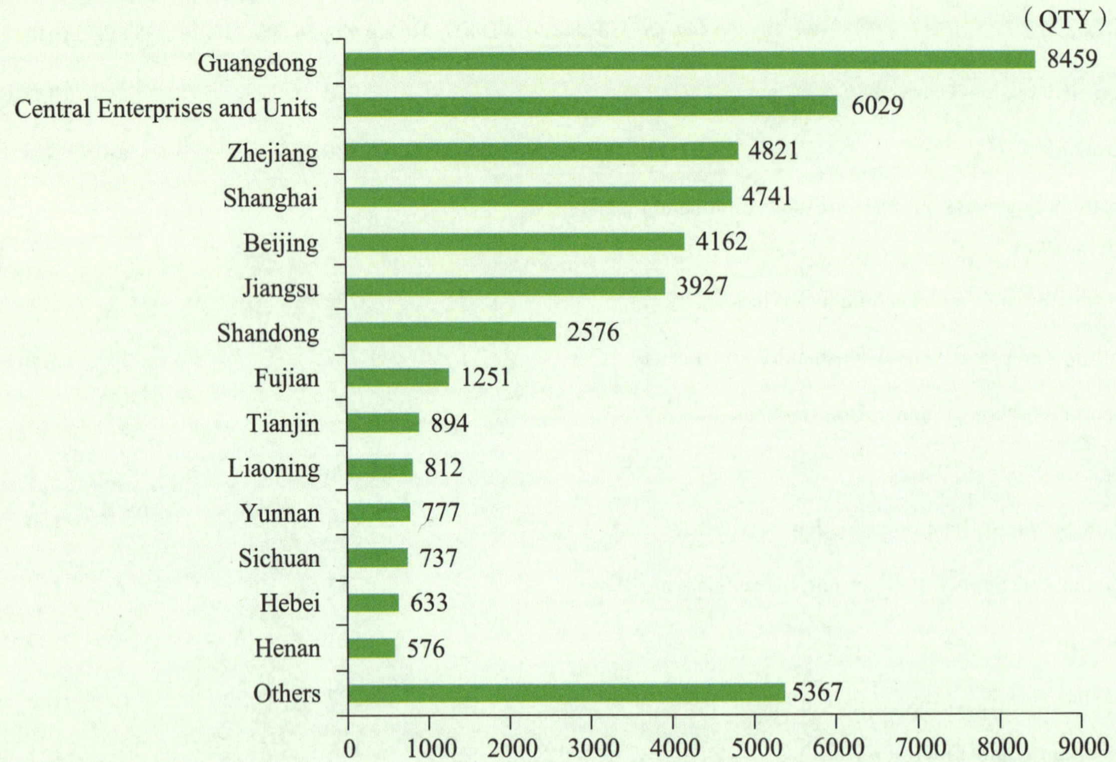

Figure 27 Overseas Enterprises Established by China's Major Provinces and Municipalities, by the End of 2022

6. Annex Tables

Annex Table 1 China's Outward FDI Flows by Country and Region, 2014-2022

(Millions of USD)

Country/Region	2014	2015	2016	2017	2018	2019	2020	2021	2022
Total	**123 119.86**	**145 667.15**	**196 149.43**	**158 288.30**	**143 037.31**	**136 907.56**	**153 710.26**	**178 819.32**	**163 121.00**
Asia	**84 988.02**	**108 370.87**	**130 267.69**	**110 039.86**	**105 504.88**	**110 840.94**	**112 343.65**	**128 102.05**	**124 283.54**
Afghanistan	27.92	-3.26	2.21	5.43	-0.16	24.08	2.54	-2.55	8.94
Bahrain	—	—	36.46	36.96	-2.35	-0.34	0.19	61.11	0.01
Bangladesh	25.02	31.19	40.80	99.03	543.65	375.49	450.60	240.71	321.70
Brunei	-3.28	3.92	142.10	71.36	-15.09	-4.05	16.58	3.75	4.16
Cambodia	438.27	419.68	625.67	744.24	778.34	746.25	956.42	466.75	632.18
Cyprus	—	1.76	5.25	603.41	113.90	82.42	94.66	32.28	4.09
India	317.18	705.25	92.93	289.98	206.20	534.60	205.19	279.46	-331.20
Indonesia	1 271.98	1 450.57	1 460.88	1 682.25	1 864.82	2 223.08	2 198.35	4 372.51	4 549.60
Iran	592.86	-549.66	390.37	-368.29	-567.33	-59.17	336.39	242.12	19.68
Iraq	82.86	12.31	-52.87	-8.81	7.73	887.09	414.58	178.18	324.76
Israel	52.58	229.74	1 841.30	147.37	410.57	191.68	267.10	-470.14	279.86
Japan	394.45	240.42	344.01	444.05	468.41	673.78	486.83	762.14	396.48
Jordan	6.74	1.58	6.13	15.16	85.62	30.93	-119.51	-20.22	50.45
Kazakhstan	-40.07	-2 510.27	487.70	2 070.47	118.35	786.49	-115.29	822.24	355.98
Korea, DPR	51.94	41.21	28.44	1.29	0.28	—	—	—	—
Korea, Rep.	548.87	1 324.55	1 148.37	660.80	1 033.66	561.80	139.14	478.04	537.14
Kuwait	161.91	144.44	50.55	175.08	192.08	-100.52	122.21	37.88	114.61
Kyrgyzstan	107.83	151.55	158.74	123.70	100.16	215.66	252.46	76.43	10.06
Lao PDR	1 026.90	517.21	327.58	1 219.95	1 241.79	1 149.08	1 454.30	1 282.32	253.43
Lebanon	0.09	—	—	—	—	—	—	—	—
Malaysia	521.34	488.91	1 829.96	1 722.14	1 662.70	1 109.54	1 374.41	1 336.25	1 606.39
Maldives	0.72	—	33.41	31.95	-1.55	6.94	-21.42	23.09	-3.35
Mongolia	502.61	-23.19	79.12	-27.89	-457.13	128.06	8.32	24.68	27.92
Myanmar	343.13	331.72	287.69	428.18	-197.24	-41.94	250.80	18.46	61.98
Nepal, FDR	45.04	78.88	-48.82	7.55	51.22	206.78	52.26	49.96	115.27
Oman	15.16	10.95	4.62	12.73	51.91	-3.15	87.10	40.86	12.98
Pakistan	1 014.26	320.74	632.94	678.19	-198.73	562.16	947.66	727.39	563.37
Palestine	—	—	0.20	—	—	—	—	—	—
Philippines	224.95	-27.59	32.21	108.84	58.82	-4.29	130.43	152.86	270.89

Annex Table 1 Continued 1

(Millions of USD)

Country/Region	2014	2015	2016	2017	2018	2019	2020	2021	2022
Qatar	35. 79	140. 85	96. 13	-26. 63	-368. 10	29. 32	94. 67	116. 82	-21. 25
Saudi Arabia	184. 30	404. 79	23. 90	-345. 18	383. 07	654. 37	390. 26	514. 29	-161. 48
Singapore	2 813. 63	10 452. 48	3 171. 86	6 319. 90	6 411. 26	4 825. 67	5 923. 35	8 405. 04	8 295. 38
Sri Lanka	85. 11	17. 47	-60. 23	-25. 27	7. 83	92. 80	98. 17	166. 11	-43. 57
Syria	9. 55	-3. 56	-0. 69	0. 53	-0. 01	12. 70	0. 49	-0. 12	-0. 68
Tajikistan	107. 20	219. 31	272. 41	95. 01	388. 24	69. 61	-264. 02	237. 43	418. 75
Thailand	839. 46	407. 24	1 121. 69	1 057. 59	737. 29	1 371. 91	1 882. 88	1 486. 01	1 271. 80
Timor-Leste	9. 73	33. 81	55. 33	19. 52	-10. 32	-16. 30	36. 31	5. 77	-4. 28
Turkey	104. 97	628. 31	-96. 12	190. 91	352. 82	28. 83	391. 26	225. 44	750. 29
Turkmenistan	195. 15	-314. 57	-23. 76	46. 72	-38. 30	-93. 15	211. 04	-17. 60	9. 53
United Arab Emirates	705. 34	1 268. 68	-391. 38	661. 23	1 081. 01	1 207. 41	1 551. 95	894. 14	1 607. 45
Uzbekistan	180. 59	127. 89	178. 87	-75. 75	99. 01	-445. 83	-36. 77	369. 03	369. 74
Viet Nam	332. 89	560. 17	1 279. 04	764. 40	1 150. 83	1 648. 52	1 875. 75	2 207. 62	1 703. 01
Yemen	5. 96	-102. 16	-413. 15	27. 25	10. 45	-78. 81	-2. 92	-11. 58	-4. 01
Macau (China)	596. 10	1 080. 65	821. 50	-1 024. 47	810. 67	594. 45	826. 84	881. 92	2 127. 52
Taiwan Prov (China)	183. 70	267. 12	11. 75	226. 21	69. 33	106. 93	226. 22	211. 86	241. 99
Hong Kong (China)	70 867. 30	89 789. 78	114 232. 59	91 152. 78	86 869. 17	90 550. 08	89 145. 86	101 190. 88	97 534. 23
Africa	**3 201. 93**	**2 977. 92**	**2 398. 73**	**4 105. 00**	**5 389. 11**	**2 704. 42**	**4 225. 60**	**4 986. 64**	**1 811. 83**
Algeria	665. 71	210. 57	-99. 89	-140. 53	178. 65	-123. 62	18. 64	184. 71	21. 45
Angola	-448. 57	57. 74	164. 49	637. 55	270. 34	383. 24	125. 36	123. 49	-315. 00
Benin	7. 44	14. 76	9. 97	1. 33	4. 80	-19. 79	10. 64	32. 51	80. 44
Botswana	52. 95	86. 08	106. 20	-22. 20	-4. 86	6. 82	26. 55	-14. 01	9. 77
Burkina Faso	4. 45	—	0. 20	—	—	1. 26	0. 35	5. 28	2. 80
Burundi	3. 45	2. 06	2. 39	-0. 58	4. 06	-1. 90	6. 22	8. 61	2. 97
Cameroon	29. 74	24. 67	114. 23	87. 99	141. 79	-33. 69	44. 71	-23. 44	-110. 99
Cape Verde	0. 10	—	0. 05	—	—	1. 24	0. 48	-0. 41	0. 30
Central African Republic	182. 24	0. 30	0. 40	0. 42	46. 32	0. 56	0. 14	-0. 90	—
Chad	83. 12	-17. 12	-62. 26	-23. 05	67. 77	49. 81	98. 39	93. 50	-116. 68
Comoros	—	—	—	—	0. 93	0. 13	-0. 05	-0. 16	0. 53
Congo	238. 60	150. 08	49. 13	284. 17	-292. 64	94. 59	247. 49	166. 11	-81. 10
Congo, DR	157. 56	213. 71	-78. 92	340. 24	643. 01	930. 96	611. 51	1 045. 75	391. 11
Cote d'lvoire	24. 26	60. 24	56. 53	112. 69	163. 68	85. 26	78. 86	64. 17	223. 16
Djibouti	9. 53	20. 33	62. 24	104. 64	-81. 06	26. 64	-2. 16	8. 55	4. 23
Egypt	162. 87	80. 81	119. 83	92. 76	221. 97	10. 96	27. 43	195. 71	229. 79

Annex Table 1 Continued 2

(Millions of USD)

Country/Region	2014	2015	2016	2017	2018	2019	2020	2021	2022
Equatorial Guinea	33.13	-13.04	-24.91	71.11	3.80	-44.60	-49.12	0.22	-40.51
Eritrea	1.29	9.91	68.42	-0.13	6.14	-0.57	44.61	37.73	147.00
Ethiopia	119.59	175.29	282.14	181.08	341.25	375.30	310.80	-90.39	-139.17
Gabon	25.56	48.79	32.43	55.42	-69.54	16.66	7.78	-18.19	43.01
Gambia	0.05	—	2.28	2.32	14.43	-4.51	2.79	0.47	2.54
Ghana	72.90	283.22	490.61	44.20	124.25	29.41	-6.71	127.75	88.53
Guinea	67.70	-25.72	36.67	286.56	203.17	53.04	-295.12	487.17	39.11
Guinea-Bissau	1.72	2.24	0.61	6.23	2.57	0.00	-2.44	0.08	0.81
Kenya	278.39	281.81	29.67	410.10	232.04	10.37	629.62	348.22	-322.84
Lesotho	0.46	0.08	—	—	—	—	11.65	10.45	5.57
Liberia	40.11	98.18	11.14	39.82	14.35	11.20	33.46	6.78	12.16
Libya	0.13	-41.06	-17.05	-176.40	28.23	-129.34	72.89	-13.22	-2.79
Madagascar	36.76	33.84	-6.55	71.20	55.60	-0.16	135.98	-9.62	-62.39
Malawi	3.40	0.05	2.40	43.07	1.46	-100.58	9.02	14.95	25.81
Mali	23.39	-34.01	12.95	14.34	-84.04	18.49	18.04	16.22	53.19
Mauritania	-7.33	2.16	108.79	38.07	23.23	-7.46	53.20	-12.29	27.14
Mauritius	49.43	154.77	72.33	33.27	178.21	185.89	45.77	238.56	104.05
Morocco	11.44	26.03	10.16	59.86	90.78	-95.16	128.14	33.22	1.58
Mozambique	102.51	68.43	44.25	117.47	545.63	-46.70	43.28	-4.03	74.17
Namibia	8.02	17.85	21.68	20.09	-24.82	-1.10	1.71	8.07	8.98
Niger	-44.61	23.69	-23.56	50.84	115.44	178.36	235.14	282.52	567.06
Nigeria	199.77	50.58	108.50	137.95	194.70	123.27	308.94	201.67	119.64
Republic of South Sudan	-6.82	13.08	2.03	12.21	-13.12	5.49	2.68	8.56	-2.16
Rwanda	14.94	4.06	-9.19	9.88	45.42	17.01	-6.55	36.14	-14.46
Sao Tome and Principe	—	—	—	—	—	0.06	1.55	—	—
Senegal	7.06	-7.94	19.85	65.41	83.93	-84.88	213.40	11.77	-211.22
Seychelles	7.56	49.58	50.41	27.05	227.98	1.98	87.55	112.81	15.46
Sierra Leone	4.92	8.07	-1.80	16.27	3.94	0.76	-8.32	12.32	-22.78
South Africa	42.09	233.17	843.22	317.36	642.06	338.91	400.43	363.59	683.09
Sudan	174.07	31.71	-689.94	254.87	57.12	-70.78	2.83	94.29	-171.90
Tanzania	166.61	226.32	94.57	132.46	177.47	115.58	107.57	101.74	51.73
Togo	6.99	-1.73	2.38	11.43	-6.59	8.28	9.11	-4.90	8.59

Annex Table 1 Continued 3

(Millions of USD)

Country/Region	2014	2015	2016	2017	2018	2019	2020	2021	2022
Tunisia	0. 71	5. 64	-3. 22	-0. 82	5. 96	19. 96	-6. 92	6. 52	-5. 56
Uganda	60. 50	205. 34	121. 51	79. 04	225. 80	143. 22	97. 78	2. 10	106. 01
Zambia	424. 85	96. 55	218. 41	305. 80	523. 73	143. 39	214. 26	582. 80	191. 46
Zimbabwe	101. 18	46. 75	42. 95	-107. 88	53. 83	81. 13	76. 25	103. 10	88. 13
Europe	**10 837. 91**	**7 118. 43**	**10 693. 23**	**18 463. 19**	**6 588. 39**	**10 519. 92**	**12 695. 65**	**10 874. 80**	**10 335. 98**
Albania	—	—	0. 01	0. 21	1. 72	0. 69	0. 10	0. 00	0. 16
Armenia	—	—	—	3. 95	19. 64	—	1. 53	6. 98	16. 89
Austria	43. 71	104. 32	191. 72	412. 19	138. 14	32. 39	74. 81	195. 39	-134. 97
Azerbaijan	16. 83	1. 36	-24. 66	-0. 20	-1. 05	0. 86	17. 28	-0. 64	9. 43
Belarus	63. 72	54. 21	160. 94	142. 72	67. 73	181. 75	-8. 15	42. 41	-42. 57
Belgium	153. 28	23. 46	28. 35	30. 34	5. 63	59. 85	76. 03	111. 60	16. 95
Bosnia and Herzegovina	—	1. 62	0. 85	—	—	12. 19	8. 58	4. 82	1. 63
Bulgaria	20. 42	59. 16	-15. 03	88. 87	-1. 68	2. 46	0. 57	0. 25	-5. 94
Croatia	3. 55	—	0. 22	31. 84	22. 39	28. 69	154. 46	15. 15	5. 22
Czech Republic	2. 46	-17. 41	1. 85	72. 95	113. 02	60. 53	52. 79	-25. 39	-13. 02
Denmark	57. 23	-24. 16	125. 73	15. 21	30. 48	60. 26	63. 22	15. 78	48. 02
Estonia	—	—	—	0. 12	53. 22	2. 02	—	0. 00	-0. 14
Finland	10. 42	38. 68	36. 67	23. 47	141. 04	34. 04	40. 66	65. 18	47. 69
France	405. 54	327. 88	1 499. 57	952. 15	-75. 02	87. 22	147. 79	-151. 67	48. 48
Georgia	224. 35	43. 98	20. 77	38. 46	80. 23	56. 90	41. 36	76. 54	118. 59
Germany	1 438. 92	409. 63	2 380. 58	2 715. 85	1 467. 99	1 459. 01	1 375. 60	2 711. 13	1 978. 64
Greece	—	-1. 37	29. 39	28. 57	60. 30	0. 57	7. 17	6. 56	-1. 37
Hungary	34. 02	23. 20	57. 46	65. 59	94. 95	123. 15	-4. 15	53. 53	260. 46
Iceland	—	—	—	—	0. 73	—	—	0. 00	0. 00
Ireland	37. 11	14. 30	331. 93	241. 34	75. 16	64. 28	67. 60	225. 58	104. 16
Italy	113. 02	91. 01	633. 44	424. 54	297. 61	649. 79	244. 46	-12. 02	277. 55
Latvia	—	0. 45	—	0. 08	10. 68	—	5. 64	4. 82	0. 08
Liechtenstein	3. 63	0. 64	3. 70	—	—	—	27. 26	1. 63	0. 12
Lithuania	—	—	2. 25	—	-4. 47	—	0. 33	0. 20	2. 12
Luxembourg	4 578. 37	-11 453. 17	1 601. 88	1 353. 40	2 487. 33	685. 87	700. 95	1 499. 32	3 250. 36
Malta	1. 93	5. 03	154. 80	1. 67	10. 11	-1. 18	0. 89	2. 82	-0. 98
Moldova	—	—	—	—	—	—	—	0. 30	0. 01
Montenegro	—	—	—	16. 65	12. 72	22. 66	67. 25	59. 09	-6. 79
Netherlands	1 029. 97	13 462. 84	1 169. 72	-223. 12	1 038. 34	3 893. 17	4 938. 33	1 703. 93	-1 049. 80

Annex Table 1 Continued 4

(Millions of USD)

Country/Region	2014	2015	2016	2017	2018	2019	2020	2021	2022
North Macedonia	—	-0.01	—	—	1.83	-13.38	-4.00	2.72	-9.75
Norway	58.60	-1 675.89	-851.23	-549.21	-41.68	-744.44	-187.19	0.79	1.07
Poland	44.17	25.10	-24.11	-4.33	117.83	111.60	142.56	29.41	127.73
Portugal	3.87	10.72	11.37	1.04	11.71	18.55	1.18	2.75	1.44
Romania	42.25	63.32	15.88	15.86	1.57	84.11	13.10	5.13	11.59
Russian Federation	633.56	2 960.86	1 293.07	1 548.42	725.24	-379.23	570.32	-1 072.30	233.62
Serbia	11.69	7.63	30.79	79.21	153.41	33.60	139.31	205.76	159.39
Slovakia	45.66	—	—	0.68	14.62	-0.53	0.20	0.33	0.01
Slovenia	—	—	21.86	0.39	13.28	26.84	-132.94	3.04	-0.59
Spain	92.35	149.67	125.41	58.79	537.68	114.91	102.95	79.17	71.88
Sweden	130.01	317.19	127.68	1 290.26	1 063.95	1 915.71	1 929.99	1 280.77	1 850.90
Switzerland	33.64	246.77	68.06	7 514.18	-3 212.06	678.25	1 074.55	1 820.84	133.68
Ukraine	4.72	-0.76	1.92	4.75	27.45	53.32	21.06	-0.47	0.96
United Kingdom	1 498.90	1 848.16	1 480.39	2 066.30	1 026.64	1 103.45	922.22	1 903.55	2 823.06
Latin America	**10 547.39**	**12 610.36**	**27 227.05**	**14 076.59**	**14 608.47**	**6 394.07**	**16 656.51**	**26 158.51**	**16 345.15**
Anguilla, British	—	1.00	5.84	—	0.90	-0.28	—	—	—
Antigua & Barbuda	—	—	0.40	—	0.36	—	—	—	—
Argentina	269.92	208.32	181.52	214.79	141.13	353.55	401.24	295.68	59.19
Bahamas	—	—	6.58	0.24	2.80	-1.32	—	-0.17	—
Barbados	-1.67	-0.28	14.41	16.10	2.56	-8.13	-0.06	223.71	-175.01
Belize	0.35	—	—	—	—	—	—	—	—
Bolivia	24.53	34.32	55.38	-26.28	37.55	51.86	36.19	26.40	41.22
Brazil	730.00	-63.28	124.77	426.27	427.72	859.93	312.64	146.45	223.86
Cayman Islands	4 191.72	10 213.03	13 522.83	-6 605.96	5 473.12	-4 356.68	8 562.22	10 753.56	5 762.38
Chile	16.29	6.85	216.96	99.63	168.06	605.72	22.26	89.88	264.82
Colombia	183.10	3.70	-2.84	13.72	-81.01	19.19	0.85	-142.64	78.62
Costa Rica	-0.19	3.84	1.36	10.24	15.21	6.79	28.49	-0.60	-2.15
Cuba	-22.22	42.43	9.74	-6.50	33.23	-11.52	11.37	43.95	68.56
Dominica	—	—	—	—	—	—	—	—	0.79
Dominican Republic	—	—	—	—	—	0.21	3.05	-1.95	2.16
Ecuador	137.81	118.11	77.89	-131.10	32.68	-61.20	-2.11	61.37	16.80
Grenada	—	—	0.10	0.11	0.57	3.03	—	1.82	-1.37
Guatemala	0.63	—	—	—	—	-0.04	4.69	—	0.47
Guyana	4.08	-3.89	6.51	22.51	28.59	-4.44	63.64	-10.38	-3.06
Honduras	—	—	27.71	—	49.06	4.83	-10.92	2.99	—

Annex Table 1 Continued 5

(Millions of USD)

Country/Region	2014	2015	2016	2017	2018	2019	2020	2021	2022
Jamaica	111. 32	—	418. 64	82. 46	156. 21	-112. 47	-2. 78	-9. 16	5. 38
Mexico	140. 57	-6. 28	211. 84	171. 33	378. 45	163. 56	264. 56	231. 83	488. 52
Nicaragua	1. 01	0. 55	1. 01	0. 01	0. 13	2. 93	-0. 23	0. 24	—
Panama	4. 81	23. 82	37. 38	57. 74	127. 24	3. 31	117. 88	239. 88	219. 30
Paraguay	—	—	—	—	0. 84	-0. 84	0. 68	—	-1. 29
Peru	45. 07	-177. 76	67. 37	98. 26	84. 81	352. 00	321. 70	454. 46	207. 82
St. Lucia	—	0. 15	0. 75	3. 29	—	-0. 58	—	—	—
St. Vincent and Grenadines	3. 32	3. 03	-2. 53	3. 37	1. 22	0. 00	—	-0. 34	-3. 18
Suriname	-16. 90	20. 09	3. 43	52. 53	-1. 73	40. 58	-1. 21	-1. 78	1. 21
Trinidad and Tobago	36. 25	9. 15	2. 10	12. 40	15. 17	23. 36	-10. 47	4. 71	6. 02
Uruguay	1. 08	36. 15	49. 27	-14. 22	35. 73	1. 89	3. 24	18. 72	9. 19
Venezuela	116. 08	288. 30	-99. 86	274. 48	328. 07	-223. 76	-446. 00	-241. 12	-41. 05
Virgin Islands, British	4 570. 43	1 849. 00	12 288. 49	19 301. 17	7 149. 78	8 682. 57	6 975. 62	13 971. 01	9 115. 95
North America	**9 207. 66**	**10 718. 48**	**20 350. 96**	**6 498. 27**	**8 723. 83**	**4 367. 13**	**6 343. 12**	**6 580. 90**	**7 271. 19**
Bermuda	707. 69	1 126. 98	498. 65	-248. 05	-316. 83	87. 56	114. 43	66. 38	-167. 65
Canada	903. 84	1 562. 83	2 871. 50	320. 83	1 563. 50	472. 88	210. 02	930. 17	146. 76
United States	7 596. 13	8 028. 67	16 980. 81	6 425. 49	7 477. 17	3 806. 68	6 018. 67	5 584. 35	7 292. 08
Oceania	**4 336. 95**	**3 871. 09**	**5 211. 77**	**5 105. 39**	**2 222. 63**	**2 081. 08**	**1 445. 73**	**2 116. 42**	**3 073. 31**
Australia	4 049. 11	3 401. 31	4 186. 88	4 241. 96	1 985. 97	2 086. 67	1 198. 59	1 922. 54	2 785. 88
Cook Islands	-0. 27	—	—	—	—	—	—	—	—
Fiji	-37. 16	12. 40	44. 61	17. 06	16. 23	17. 46	22. 80	37. 16	-15. 93
Kiribati	—	—	—	—	—	15. 42	18. 05	29. 06	27. 94
Marshall Islands	—	-56. 82	2. 60	7. 98	12. 10	16. 84	38. 49	19. 56	12. 38
Micronesia, FS	3. 39	3. 55	—	-14. 74	—	0. 63	-0. 68	0. 62	0. 67
Nauru	—	—	—	—	—	—	0. 36	13. 00	-1. 54
New Zealand	250. 02	348. 09	905. 85	596. 61	257. 46	11. 40	452. 92	224. 61	116. 54
Palau	0. 51	1. 50	0. 50	0. 08	0. 29	0. 21	—	—	0. 15
Papua New Guinea	30. 37	41. 77	-43. 68	101. 61	-79. 04	-64. 68	-153. 70	-181. 88	181. 29
Samoa	34. 84	95. 86	109. 24	128. 40	12. 36	-5. 30	-134. 73	32. 43	-38. 04
Solomon Islands	—	—	—	—	—	0. 10	2. 26	-3. 47	1. 52
Tonga	0. 10	0. 98	0. 35	1. 12	0. 05	0. 21	0. 71	17. 52	-0. 08
Vanuatu	6. 04	22. 45	5. 42	25. 32	17. 21	2. 12	0. 66	5. 28	2. 54